Sanjaya

Sanjaya

Pour un Chai à Mumbai

JOANNE ASHTAMKAR

Copyright © 2020 - Joanne Ashtamkar
Tous droits réservés dans tous pays
ISBN : 9798574398401
Dépôt légal : décembre 2020
Éditeur : Joanne Ashtamkar

À mes **enfants,** mes amours, mon essentiel.
Pour notre complicité, pour leur authenticité
qui m'invite sans cesse à valoriser mes priorités.

&

À mon **mari**, mon âme sœur, mon meilleur ami.
Pour notre équilibre, pour ses racines
qui ont fait de l'Inde ma demeure.

Préface

Qui d'entre nous n'a pas rêvé, un jour, de tout plaquer et quitter la Suisse pour de nouvelles terres d'horizon ?

Comment rompre avec tout ou partie de nos racines pour nous reconstruire ailleurs ?

Comment s'établir là où l'on ne connaît personne ?

Comment enfin réaliser le nouveau projet de vie dans un autre environnement ?

Ceux qui connaissent le feuilleton de la Radio Télévision Suisse Bye Bye la Suisse, ont vu année après année des compatriotes s'installer à l'étranger. Joanne et sa petite famille en font partie.

Ils avaient choisi la mégalopole de Mumbai en Inde. Une ville foisonnante, grouillante emplie d'odeurs et de couleurs si différentes de la côte vaudoise d'où ils étaient partis. Sur place, leurs rêves ont été confrontés à la réalité indienne, complexe. Les obstacles ont été nombreux sur leur route, jalonnée notamment par de nombreuses embuches administratives.

Ce qui fait le sel de Bye Bye la Suisse, c'est notre capacité à nous identifier à nos compatriotes exilés, à partager leurs réussites comme leurs échecs. C'est ce que la RTS et nos collègues Suisse-Alémaniques racontent année avec un succès toujours renouvelé.

Pourtant, les pages écrites par Joanne racontent une autre histoire que celle relatée dans Bye Bye la Suisse, qui reflétait forcément qu'une partie de leur équipée indienne. L'occasion de lire d'autres pages de leur aventure.

Gaspard Lamunière
Producteur *Bye Bye la Suisse* - RTS

Introduction

S'il me paraît évident aujourd'hui que je n'avais pas l'intention de venir à bout de ce récit, j'ai toutefois longtemps nourri cette illusion. Chaque relecture m'invitait à explorer de nouvelles réflexions, à illustrer une émotion, à créer des liens entre ce qui avait été et ce qui était en train de se manifester… à l'image d'une fouille archéologique parsemée d'indices qui me conduisait, pas à pas, vers une découverte historique.

Les bienfaits que cette longue rédaction me procurait résidaient dans sa construction et dans son développement, plus que dans une quelconque recherche d'aboutissement. Chaque minute dédiée à cette narration détenait la délicieuse particularité de me ramener en Inde. La connexion était telle que je me retrouvais fréquemment « téléportée » au cœur de Mumbai, avec comme lieu d'atterrissage toujours la même gare. Je me tenais là-bas, invisible mais physiquement tellement présente que je parvenais à absorber à distance tout ce que mon environnement me renvoyait. Je revivais des scènes qui m'étaient familières, j'en découvrais de nouvelles, très réalistes. De ces évasions mon corps me rapportait des frissons, une sensation de vertige, une montée d'adrénaline. Souvent, aussi, une larme d'émotion.

Je n'avais alors aucune bonne raison de prendre de la distance avec ces voyages qui, jusqu'ici, me servaient de pont avec mes précieuses années indiennes. Aussi, je me sentais investie de la mission de terminer ce récit avant d'entreprendre quoi que ce soit de nouveau.

Et puis, une rencontre… un projet et tout bascule. La suite évidente de l'histoire me permet de lâcher, de détourner mon attention de ce qui m'aura longtemps servi d'outil d'introspection.

Si mon rituel d'écriture est riche en expériences sensorielles et me permet de m'évader de mon « état habituel », j'ai toutefois eu besoin d'énormément de temps pour parvenir à identifier et formuler le synopsis de mon récit. Cette longue réflexion a engendré en parallèle un travail très enrichissant sur mon identité. Souvent confrontée à devoir définir qui je suis, je remarquais qu'en raison de mes activités aussi nombreuses que variées, je ne pouvais me « résumer » en une seule « étiquette sociale ». Mon témoignage est à l'image de ma personnalité : il offre différents fils de lecture. En son cœur, une expérience mais plusieurs costumes : celui d'une mère, d'une aventurière, d'une buveuse de thé, d'une épouse, d'une femme, d'une entrepreneuse et d'une Suissesse exilée à l'autre bout du monde... Et deux pays, que tout oppose, acteurs d'une puissante métamorphose.

Ces dernières lignes vous permettront de poser le décor avant d'embarquer pour Mumbai, autrefois appelée Bombay, « la bonne baie ».
La ville est située dans l'état du Maharashtra, sur la côte ouest de l'Inde, au bord de la mer d'Arabie. Elle offre un climat tropical avec une longue saison sèche et ensoleillée - d'octobre à mai - et une saison des pluies - de juin à fin septembre.
Il y a cinq siècles en arrière, Mumbai était un archipel de sept îles marécageuses. Elle est la capitale économique du pays - Delhi étant la capitale politique.
En 2020, sa population compte plus de vingt millions d'habitants. L'Inde est le deuxième pays le plus peuplé au monde (1,3 milliard d'Indiens) après la Chine. Les habitants de Mumbai se nomment les Mumbaikar, ils parlent le marathi - langue régionale officielle pratiquée dans l'état du Maharashtra. L'hindi est la langue nationale, utilisée par près de la moitié de la population du pays. Deux cent cinquante autres langues sont parlées sur tout le territoire indien, dont vingt-deux officiellement reconnues. De nombreux dialectes en découlent.
La métropole abrite, au nord de la ville, les légendaires studios de films *Bollywood*.

La monnaie utilisée en Inde est la roupie et la boisson nationale est le thé, appelé *Chai* en hindi. Il est traditionnellement réalisé à base de thé noir, d'épices, de lait et de sucre (Masala Chai).

Bon voyage.

Lettre à Mumbai

20 décembre, dernière nuit

Namaskar[1] Mumbai.

Je ne cesse de repenser à notre première nuit. Comblés par nos préliminaires, nous croyions aveuglément en notre histoire. L'évidence nous avait fait renoncer à toute forme de sécurité avant de nous embarquer pour cette dangereuse traversée en haute mer, l'adrénaline au corps et ivres de fatigue.
Tels de présomptueux matelots, nous avions invoqué des vents favorables et pris le large, sans gouvernail, boussole ni fusée de détresse. Mais à peine avions-nous levé l'ancre que le ciel s'était couvert. Nous avons affronté d'imprévisibles tempêtes, avalé des litres d'eau salée, bataillé avec notre équipage et sans cesse réajusté notre cap. Néanmoins, chaque lever de soleil ravivait notre confiance et illuminait nos perspectives. Nous savions que se trouvait, quelque part à l'horizon, notre destination.

Ce soir, nous devons renoncer à notre quête, abréger le voyage avant même d'être arrivés à bon port. Que dois-je comprendre ? Comment soudainement faire machine arrière alors que nous sommes engagés à pleine vitesse ?
Je dois te dire au revoir et te quitter pour un temps. Nul ne sait ce que

---

1 Signifie *Namasté*. Salutations indiennes. Elles se prononcent avec les mains jointes, posées sur le cœur.

l'avenir nous réserve : ces trois années passées au cœur de tes entrailles en témoignent singulièrement. J'ai cependant besoin de croire que nous nous retrouverons, malgré un profond sentiment d'être bien plus attachée à toi que tu ne l'es à moi. Qu'importe.

Nous n'avions pas eu le temps de nous préparer à cette nouvelle vie, notre besoin d'évasion avait été impulsif et brutal. Cet imminent retour est le fruit pourri tombé de l'arbre après mûre réflexion. La raison l'emporte, pourtant mon être tout entier s'y oppose. Il est trop tôt, nous avons investi tant d'énergie pour nous faire une place et comprendre ton fonctionnement.
Il m'est difficile de capituler alors que nous possédons enfin quelques clés pour appréhender ce qui nous entoure. Maintenant que nous sommes formés et endurcis, nous aurions mérité de pouvoir vivre une étape de répit et de prospérité.

Le compte à rebours a commencé, ma gorge se noue sans cesse, des images d'ici et d'ailleurs s'entremêlent étrangement dans ma tête. J'ai dû programmer mon corps « physique » pour qu'il exécute machinalement une à une les nombreuses démarches de mise à néant de tout ce qui nous retient ici. Regarde bien, toi qui crois si bien me connaître, tu verras que mon esprit n'est nullement impliqué dans ce qui se trame, je ne fais que répondre à un soudain devoir irréversible. Tu ne nous as pas laissé le choix, et pour une fois, je me trouve à court d'arguments. J'ai lâché prise, alors je tombe.

Ici, là-bas, tous se réjouissent pour nous qui « rentrons enfin à la maison », comme ils disent. Ils nous témoignent la même compassion qu'ils exprimeraient à un soldat qui rentre auprès des siens après la guerre. Ma réalité est autre. Ils ignorent combien j'aimais être au front et, par-dessus tout, à quel point je ne m'étais pas résignée à capituler dans mes batailles. Bien que le temps semble s'être arrêté,

mes enfants grandissent ici, nourris de tes ressources, s'imprégnant à chaque instant de ta culture et de tes usages. Alors j'avoue avoir un peu peur. Peur du vide après tant de frénésie. Peur de ne plus être bercée et transpercée par cette indescriptible énergie qui m'envahit à peine je dépose un pied sur tes terres. Cette atmosphère si particulière est un remède puissant contre l'ennui : elle bouscule mes sens, rend l'instant présent si fort et abondant.
Je sais qu'avec ce retour, nous perdrons une forme de liberté, de légèreté. J'espère simplement ne pas retrouver mes vieux démons, préserver mon indépendance et pourquoi pas, un peu de cette solitude qui me confronte à une autre réalité, à une nouvelle identité.

Comme une enfant, j'ai envie de fermer les yeux, me rendormir et poursuivre mon rêve. Fuir mes obligations et chasser ainsi ma frustration. Quand je le veux bien, je réussis à me raccrocher à une minuscule lueur d'excitation liée au renouveau. Une nouvelle histoire nous attend. Je n'ai jamais oublié d'où je viens, alors j'essaie de me connecter à la joie de retrouver ceux qui sont restés.

Je sais que chaque tristesse est en lien avec l'amour. Ma souffrance me témoigne combien je t'aime, quelle chance d'être capable d'aimer si fort ! Tu nous as fait grandir, c'est un précieux cadeau. J'ai compris un peu de ton histoire, goûté à tes délices, célébré tes divinités et contemplé, au quotidien, tes extrêmes contrastes. Jamais je n'oublierai ton énergie, ton atmosphère parfois étouffante, ta moiteur, le son des klaxons et ton rose indien omniprésent. Éternelles demeureront la façon que tu avais de me dévisager et l'intensité des regards que j'ai croisés.

Tu n'as définitivement pas voulu de nous mais tu as eu la bonté de nous préserver des dangers que je redoutais. Était-ce ta manière de nous aimer en retour ?

Cette fois, je m'en vais. Sans recevoir un signe ni un au revoir. Alors je m'efforce de rester digne, de garder espoir qu'un jour, je parviendrai à résoudre certaines de tes énigmes.

Prends soin de ceux que je laisse derrière moi et ne nous oublie pas.

J.

Nous allions bien finir par nous en aller, poursuivre notre quête ailleurs, comme d'autres avant nous. Mais jusqu'à quand tiendrions-nous et accepterions-nous les conditions de ce jeu éreintant, pour lequel nous nous étions portés volontaires sans trop nous préoccuper des règles ?

J'imagine l'impression que nous avons dû laisser auprès de ceux qui avaient fini par s'habituer à notre présence et qui, soudainement, se sont aperçus que nous n'étions plus là. Nous avions, nous aussi, perdu brutalement la trace d'ambitieux qui avaient capitulé face à cette Inde puissante et impitoyable. Oui, notre disparition a sans doute eu son petit effet de surprise, généré quelques interrogations et réflexions désordonnées, avant d'aboutir à une conclusion réaliste : ce n'était qu'une question de temps.

Nos derniers jours sur Mumbai ont été d'une telle intensité que je n'ai même pas réussi à dire adieu à tous ceux qui ont marqué ma vie pendant ces trois années d'immersion indienne. Cependant il y avait, à mes yeux, plus important que ces politesses : m'entretenir avec cette mystérieuse énergie. C'est la raison de cette lettre à Mumbai. J'avais viscéralement besoin de régler nos comptes, convaincue qu'elle allait, un jour, y répondre. La relation intime et émotionnelle que j'avais nouée avec cette identité imperceptible me donnait l'impression que quelqu'un, là-haut, était aux commandes de cette puissante machine indienne.

Ce lien est-il né avec les moments de solitude que j'ai parfois traversés ? Cela a-t-il pu suffire à me connecter à cette présence sans forme ni corps, comme le fait un disciple avec sa divinité ? Tant de questions et de réflexions se sont succédé. Les interlocuteurs me faisant défaut, je me suis épuisée à entretenir des monologues et à nourrir des intrigues souvent trop complexes pour y voir clair toute seule.

Nous vivions nos dernières heures indiennes. Autour de moi ne nous restait de familier que nos éternelles valises noires. À l'intérieur, des vêtements entre-saison, nos biens les plus précieux et quelques sacs de denrées alimentaires. Dans nos poches, quelques roupies et, comme pour boucler la boucle : quatre billets d'avion aller simple. Il était très tard, j'étais épuisée et triste. Blottie contre de gros oreillers, mes enfants endormis près de moi, je griffonnai alors rapidement cette lettre. Était-ce un devoir moral, un ultime témoignage, une sorte d'exutoire ? Peut-être, pensais-je ainsi pouvoir évacuer ma tristesse et inscrire noir sur blanc la conclusion abrupte de notre histoire. Peut-être, essayais-je simplement de me confronter à la réalité pour l'accepter. Quelques heures plus tard, nous entamions notre voyage de retour. Je ne cessais de me répéter que rien ne demeure figé tant qu'il y a de la vie. J'avais alors bon espoir que ce douloureux détour me ramènerait, un jour, en terre indienne.

Un peu plus tôt dans la soirée, nous étions arrivés au bout de tout ce qu'il avait fallu régler pour pouvoir quitter le pays. Nous avions alors partagé un dernier verre dans l'hôtel de notre plus cher, loyal et dévoué ami indien. Nous avaient rejoints une famille française que nous aimions particulièrement et dont la séparation imminente me troublait. Installée dans un gros fauteuil du lounge, je sirotais un cocktail pendant que je confiais mon bras droit aux improvisations d'une jeune artiste qui me le recouvrait d'un minutieux et somptueux dessin au henné. Ce tatouage éphémère, appelé Mehndi, est une activité artistique couramment réalisée sur les mains et les avant-bras des Indiennes. Seules les mariées se retrouvent généralement décorées ainsi jusqu'aux épaules. Pour moi, ce soir-là, cette empreinte ne symbolisait aucune union. Elle était destinée à rendre plus supportable ma séparation avec cette ville, l'élue de mon cœur. À me donner l'illusion de pouvoir ainsi prolonger, encore un temps, et au-delà des frontières, notre lien. L'illusion d'appartenir encore un peu, où que ce soit, à ce peuple indien.

Plus tard, exténuée et vaincue, j'ai fini par m'assoupir quelques heures, bercée par le ronronnement de la climatisation et le chant des moustiques. Cette dernière nuit ressemblait à l'une de celles que nous avions passées à notre arrivée : j'avais à nouveau cette étrange sensation que mon esprit naviguait je ne sais où. J'avais l'impression de contempler mon existence à distance, saisissant l'immensité des possibilités qui sont là, autour de nous, lorsque le vide s'installe. Mais encore faut-il parvenir à ouvrir son cœur à la lumière alors que le mental patauge dans la pénombre…

Jusqu'au décollage de notre avion, je croyais en un rebondissement, en un événement imprévisible, comme dans les films. Mais rien ni personne ne s'est manifesté. La partie était terminée. Je me suis sentie prisonnière d'un retour forcé à la banalité. Je n'avais alors absolument pas conscience de l'inestimable trésor qui s'était glissé dans mes valises.

Le vrai voyage ne faisait que commencer.

२

Quelles sont les limites que je m'impose ? À quoi ressemblerait mon existence si je pouvais d'un seul coup tout balayer, recommencer ma vie ailleurs, autrement, sans contrainte ni condition ?

Je ne m'étais jusqu'alors jamais posé ces questions ni ne ressentais un quelconque besoin d'évasion. Mais je dois admettre que je n'ai jamais été copine avec la routine. Sitôt qu'elle s'installe, je cherche une porte par laquelle m'échapper de ma zone de confort.

Notre décision de partir vivre en Inde s'était imposée en une fraction de seconde comme une évidence. Elle répondait à un appel aussi irrationnel qu'existentiel. Je me suis fait happer par une imprévisible envie d'extraordinaire. Un brin d'insouciance et un simple « Pourquoi pas ? » ont alors été suffisants pour nous propulser à des milliers de kilomètres de nos habitudes. J'étais très loin d'imaginer ce que cela allait réellement signifier…

Avec un peu de recul, il est intéressant de faire le point sur une période de sa vie. Cet exercice est d'autant plus facile si cette dernière est clairement délimitée dans le temps ou dans l'espace, comme l'a été notre long séjour à Mumbai. J'ai envie de bousculer un moment encore l'ordre logique de mon récit et de commencer par la fin. C'est-à-dire par l'aboutissement de notre délocalisation à l'autre bout du monde, véritable chamboulement physique et émotionnel. L'impact qu'auront eu nos années indiennes sur ma vie actuelle est surprenant. Elles ont ouvert un champ de réflexion inimaginable que j'explore avec gourmandise et dont les bienfaits se propagent, évoluent, s'intensifient et influencent grandement ma manière d'envisager l'avenir. Il m'amuse parfois de comparer ce processus au virus de l'herpès ; une fois contracté, il nous habite pour toujours. Imprévisible et d'intensité variable, sa poussée peut être très inconfortable. Arrivée à maturité, elle devient indolore. Lorsqu'elle s'estompe, nous constatons que son passage nous a marqués d'une empreinte indéfectible. Et puis, si nous cherchons à comprendre les raisons de son apparition, celles-ci se révèlent souvent évidentes. Elles nous invitent à être plus instinctifs et plus réceptifs aux signaux que nous envoie notre corps.

S'il est encore bien trop tôt pour tirer une quelconque conclusion sur la portée finale de ce voyage, je concentre désormais mon attention sur ce que m'enseigne l'instant présent. Riche en messages et symboles, il me sert souvent de boussole.

Nous avons lu et entendu à différentes reprises que notre aventure avait été bien trop improvisée. Beaucoup nous jugeaient « inconscients et pleins d'illusions ». Je dirais plutôt que nous avons agi avec spontanéité, oui, c'était risqué. Mais à l'inverse, trop de prudence et de tergiversations nous auraient fait passer à côté de cette opportunité. Notre départ avait un goût d'évidence, notre intuition nous avait invités à embrasser l'inconnu et à sortir des sentiers battus. Et manifestement, même si nous avions cherché à anticiper chaque risque et éventualité, la vie nous avait réservé son lot de rebondissements.

Rares sont ces moments où l'on s'engage instinctivement dans un projet qui nous dépasse, avec la certitude qu'il ne peut en être autrement. Ce sont des cadeaux, des mains tendues que nous offre la vie et qu'il est bon de saisir sans chercher de raison. Je me rappelle m'être retrouvée dans un état que je qualifierais « d'alignement » pour lequel aucune préparation n'était requise.

Le bon moment
est une
opportunité
à saisir. S'il se
fait désirer, il
peut être alors
improvisé.

Je ne compte plus les mois qui se sont écoulés depuis que nous avons repris nos quartiers en Suisse. Je m'efforce d'accueillir avec bienveillance ce nouveau moi qui frappe à ma porte et qui s'entête à vouloir reprendre le contrôle de mon programme interne. Ce reformatage s'est enclenché naturellement, et l'ancienne version semble avoir été définitivement retirée du marché. Je n'ai pas encore accès au disque dur mais je navigue joyeusement d'une nouvelle application à une autre. Un brin retardataire, me voilà enfin connectée à la 4G : gratitude, guidance, germination et guérison.

Mes besoins et ma manière de penser ont beaucoup changé. Mon indépendance s'est imposée d'elle-même et je me découvre une surprenante capacité de résilience. J'arrive aujourd'hui à transformer les difficultés que je rencontre en opportunités : elles résonnent comme un appel à l'aventure. Lorsque je m'égare, mon GPS intérieur n'hésite pas à me faire découvrir de nouveaux paysages. Chaque jour je m'ouvre à quelque chose qui repousse les limites de mon horizon. Habituée à circuler hors de ma zone de confort, j'ai compris qu'il n'existe ni faux pas ni mauvais chemin. Quel que soit le détour parcouru, il est selon moi, l'étape enrichissante et nécessaire à notre évolution. Alors je prends mon temps… et je profite du voyage.

J'étais dévastée lorsque nous avons dû rentrer en Suisse. J'ai cependant très vite retrouvé cette sérénité avec laquelle je m'étais envolée pour Mumbai. Je partais sans peur ni doute, c'était une chance, alors que je ferai l'expérience d'un parcours émotionnel éprouvant. Le chemin qui sépare l'« avant » de l'« après » Mumbai m'aura profondément bouleversée, j'ai même failli me perdre. Mais mon retour, accompagné de cette écriture, m'a permis de reprendre pied avec un tout nouvel équilibre. Il était temps que je découvre ce qui, profondément, m'habite. Mon initiation indienne aura été nécessaire à la déprogrammation de nombreux paramètres obsolètes de mon identité. Depuis, pas à pas, s'effectue sa nouvelle configuration. Confiance et légèreté m'accompagnent désormais dans cette belle mission.

Il ne s'était pas passé un jour à Mumbai sans que je me retrouve face à moi-même et que je me confronte, parfois avec colère, à mon histoire et à sa symbolique. J'ai longuement souffert du manque de réponses aux questions existentielles qui m'interpellaient. C'en devenait presque obsessionnel puisque, pendant plus de deux ans, j'ai cherché à donner du sens à ma présence en Inde. En vain. Il me semble évident que si nous avions pu rapidement nous réaliser professionnellement, bien des tensions auraient été évitées. Or une réussite financière et matérielle ne m'aurait jamais menée sur le chemin d'une telle réflexion. Les déceptions s'enchaînaient mais nous nous efforcions de garder la tête haute et de persévérer, malgré le temps qui passait et nous menaçait de nous renvoyer à notre vie d'avant.

Ce n'est pas en regardant la lumière qu'on devient lumineux, mais en plongeant dans son obscurité.

- Carl Gustav Jung

Je me souviens avoir eu, à l'aube de notre départ pour l'Inde, des mots et des pensées qui aujourd'hui me dépassent. Ils m'auront toutefois donné à réfléchir :

« On se lance et on verra bien ! Nous partons simplement prendre ce qu'il y a à prendre, puis nous reviendrons ! »

Cette vérité me sortait de la bouche lorsque je ressentais la nécessité d'argumenter au sujet de notre imminent départ pour Mumbai, avec deux enfants qui n'avaient même pas encore soufflé leur deuxième et quatrième bougie. J'avais parfois affaire à des interlocuteurs critiques qui éprouvaient le besoin de donner leur avis sur notre projet : « Bon courage ! », « J'irais n'importe où, mais pas là-bas ! » ou encore « Moi je ne pourrais pas ! ». Ils étaient manifestement nombreux à désapprouver l'idée, ou à ne pas la comprendre. De mon côté, elle était évidente. L'éventualité qu'elle puisse nous mener à un échec ne m'avait jamais traversé l'esprit. Nous savions que nous en retirerions « quelque chose ». Il n'y avait, dans ma tête, aucune confusion. Nous allions nous réaliser, et ce « quelque chose » allait se matérialiser. Je n'avais aucun doute concernant l'ouverture d'un second restaurant, quant aux possibilités annexes, elles avaient plusieurs visages. Rien ne nous semblait impossible. J'avais alors, je l'avoue, une vision claire du petit empire que nous imaginions créer et du beau pied-à-terre que nous pourrions nous offrir. Cela nous permettrait de naviguer librement entre nos deux pays de cœur le reste de notre existence. Oui, nous étions très ambitieux et avions soif d'aventure.

Avec du recul et, me semble-t-il, un peu plus de sagesse, je placerais mes attentes avec davantage de réserve. Je suis cependant convaincue que mon assurance, sans doute un brin orgueilleuse, a contribué à me faire aller de l'avant dans ce projet avec courage et exaltation, acteurs indispensables lorsqu'on s'impose de tels défis.

J'ai mis du temps à me poser les bonnes questions. Je parle de celles qui donnent de vraies réponses. Je me suis alors demandée si cela n'avait pas été faire preuve d'arrogance que d'imaginer arriver dans un pays dont la majorité de la population vit si modestement avec l'idée que celui-ci allait nous enrichir ? Et puis, qu'étions-nous prêts à offrir en échange ? Je ne me suis pas souvent préoccupée des autres ni d'une éventuelle contribution que j'aurais pu apporter à un quelconque milieu.

J'obtiendrai des réponses, mais pour y parvenir la vi(ll)e nous réservait un parcours bien moins éblouissant que celui auquel nous nous attendions. Un cocktail de mauvaises surprises nous a été servi dès notre arrivée. Les périodes de mousson se chargeaient chaque année de ravager ma garde-robe. Le duo « humidité et pollution » a fait noircir mes bijoux, endommagé la plupart de mes vêtements, détérioré mes plus beaux accessoires et anéanti mes chaussures. Cela régalait de micros insectes qui appréciaient se joindre périodiquement et avec enthousiasme à la fête. Et lorsque le climat nous épargnait ses ravages, nous perdions temps, argent et autres biens auprès de personnes peu scrupuleuses. J'ai vu disparaître bijoux, téléphone portable, parfums, vêtements, maroquinerie et autres objets personnels dans de surprenants contextes. J'assistais, impuissante, à un dépouillement chronique et virulent de tout ce à quoi j'étais attachée. Un manque de vigilance m'a même fait perdre l'intégralité du contenu de mon ordinateur portable. Ainsi se sont envolés des milliers de photos, écrits personnels et autres documents qui étaient principalement destinés à alimenter mon blog. J'avais l'impression de subir un acharnement auquel je ne pouvais me soustraire : Mumbai ne nous aura pas enrichis d'un point de vue professionnel ou purement financier. Nous y avons trouvé, à l'inverse, un adversaire déterminé…

Nous étions conscients qu'une résistance marquait chaque nouvelle entreprise. Malgré la nature accueillante et particulièrement généreuse de la population indienne, quelque chose dans l'air rendait toute démarche compliquée et épuisante. J'ai même parfois éprouvé le sentiment que mère nature ne voulait pas de nous sur ce bout de terre, usant de tous ses stratagèmes pour nous chasser et nous inciter à nous résigner. Mais jamais nous n'avons cessé de chercher comment contourner les innombrables signaux et épreuves supposés nous faire abdiquer.

Déterminés et confiants, il nous était inimaginable de capituler avant d'avoir atteint notre but. De plus, nous comptions fermement sur un « retour d'investissement » avant d'imaginer rentrer. Nous allions jouer toutes nos cartes et étions même prêts à recommencer une nouvelle partie s'il le fallait. Mais la gloire et la fortune semblaient bien ne pas être au programme de cette longue expérimentation. Tout succès nous résisterait tant que notre vision demeurerait focalisée loin de nos réelles aspirations. Notre grande capacité de résistance pouvait bien être une qualité mais elle a considérablement freiné le processus de prise de conscience auquel nous ne pouvions nous soustraire.

J'ai perdu beaucoup de temps à me battre et à essayer de changer tant de ces petites choses qui compliquaient notre quotidien, plutôt que de me laisser porter par le courant et profiter de la richesse de ces années suspendues dans le temps. Je me suis entêtée à chercher jusqu'au dernier jour - dans chaque situation, chaque rencontre, en moi, en mon mari et même en mes enfants - la raison, la leçon, un signe ultime justifiant notre « combat ». Mais les réponses m'échappaient. Je ne percevais ni le moindre indice, ni la moindre symbolique. Une telle parenthèse pouvait-elle ne pas avoir de raison d'être ? Une démarche de si grande envergure pouvait-elle n'avoir aucune signification ? Ne se devait-elle pas d'avoir des répercussions majeures dans notre réalisation ? Toutes ces réflexions étaient devenues une torture. Aveuglée par la réalité, il me faudra beaucoup de temps pour comprendre que ce besoin de donner du sens à notre expérience était en réalité une quête liée à quelque chose de bien plus grand, d'existentiel.

Je m'entêterai à chercher des réponses plutôt que de prêter attention à l'origine de cet obsessionnel et profond questionnement. Désemparée, je ressentais parfois la même affliction qu'aurait éprouvé un malade qui ne parvient à expliquer ses symptômes à son médecin et qui rentre chez lui sans diagnostic et sans médication. Mais le plus douloureux sera la résignation, l'acceptation d'un retour et ce, avant même d'avoir compris les raisons de notre expérience. Je ne voyais rien à quoi me raccrocher et me sentais profondément perdue, abandonnée à mon sort. Comment allais-je affronter ma propre incompréhension en plus de l'inévitable jugement auquel nous allions être soumis ? Repartir était pour moi pire que toutes les mises à l'épreuve réunies. Je ne l'acceptais pas et pour une fois, depuis bien longtemps, il n'était question ni de mes besoins, ni de mes désirs, ni de ma volonté… Nous n'avions plus le choix.

Endettée, épuisée, égarée, humiliée et terriblement frustrée à l'heure de notre retour, je ne donnais pas cher de la suite de mon aventure humaine. Mais à peine avions-nous regagné le territoire helvétique que ce profond désarroi s'évaporait. Comment une telle transition était-elle possible ? Cela faisait tout juste vingt-quatre heures que nous avions confié nos cinquante-huit cartons d'effets personnels et quelques heures que nous avions quitté tout ce qui m'était si cher, que déjà la lumière semblait rejaillir en moi. M'avait-on désenvoutée ?

J'avais toujours réussi à me concentrer sur la partie pleine du verre à moitié vide que représentait la qualité de vie que nous expérimentions à Mumbai, exilés, seuls et totalement livrés à nous-mêmes. Je repensais souvent à celle que nous pourrions retrouver si nous rentrions « chez nous », mais plus fort était mon attachement aux aspects positifs de mon environnement indien. Lorsque je parle de qualité de vie, j'ai conscience que les valeurs qui lui sont attribuées sont complexes et aléatoires. Les critères qui la définissent sont très personnels et parfois empreints d'une grande dualité. Qu'est-il finalement indispensable à chacun et que serions-nous prêts à sacrifier ? Alors je rêve parfois de mon monde idéal… Il serait un mélange entre l'Inde et la Suisse, que pourtant presque tout oppose. Mais heureusement, il appartient à chacun de réussir à composer son propre univers avec le meilleur de ce qu'il connaît, et de ce à quoi il a accès.

J'ai alors constaté que le fait de croire si fort en notre histoire avait, par moment, déformé la perception que nous avions de sa réalité. D'autres auraient capitulé, épuisés, alors que nos convictions avaient alimenté notre persévérance et permis notre résistance. Notre entourage devait penser que nous ne faisions que poursuivre des chimères. Peu semblent avoir réellement compris les raisons de notre acharnement. J'avais parfois l'impression que la vision qu'ils avaient de notre aventure s'apparentait à celle que l'on pourrait avoir de quelqu'un qui nous est cher et que l'on observe, impuissant, se lancer éperdument dans une passion amoureuse dévastatrice et aveuglante, perdant toute capacité de jugement objectif…

Néanmoins, je suis fière d'avoir eu la force de suivre cet élan venu de nulle part. Je saisis aujourd'hui combien il a été important que nous nous soyons ainsi battus.

Plus les années passent et plus grandes deviennent mon affection et ma fascination pour ce pays qui me colle à la peau. Il fait partie de moi et se manifeste au quotidien au travers de nombreux liens qui nous unissent pour toujours. Un peu de son histoire coule dans les veines de mes enfants, héritage génétique de leur grand-père paternel, et une part de mon identité renvoie à l'Inde lorsque quiconque tente de prononcer mon nom de famille par alliance. Nous restent également les plaisirs de sa cuisine que nous dégustons sitôt l'envie venue d'inviter l'Inde à notre table. Notre restaurant indien, ouvert quelques années avant notre départ, nous permet d'entretenir cet enracinement gustatif épicé et savoureux. Cet établissement a d'ailleurs été la raison majeure de notre retour. Prolonger notre absence aurait mis en péril sa longévité.

3

Les obstacles et les difficultés nous ont maintenus dans un état de stress important au cœur d'un environnement où chacun semble détaché du temps qui passe. Toutefois, en parallèle de ces interminables mises à l'épreuve, je vivais les instants les plus nourrissants de ma vie. Combien de fois me suis-je retrouvée déportée sur des fréquences inhabituelles de bonheur ? Celui qui vient se loger dans ton ventre et qui monte te nouer la gorge. Celui qui te brouille l'esprit comme aux prémices d'un premier baiser. Celui qui te fait tout oublier… Même tolérer et pardonner l'inacceptable… Ces émotions me submergeaient à tout moment et marquaient à elles seules la disparité avec laquelle je poursuivais mon chemin.

L'Inde est un sujet à propos duquel chacun aime avoir un avis bien tranché et émettre des jugements. Rarement indifférents, peu nombreux sont-ils pourtant à vraiment bien le connaître. Ses multiples visages fascinent, intimident, attirent ou rebutent. Lorsque mes interlocuteurs me parlent de l'Inde, rares sont ceux qui se réfèrent à leurs propres expériences. Une grande majorité de leurs anecdotes est imprégnée de récits empruntés à des personnes interposées et d'images véhiculées par des documentaires, films ou autres sources médiatiques. La peur de ne pas pouvoir supporter la vision de la pauvreté semble en effet empêcher beaucoup de gens de partir à la découverte de ce pays. Je me permets alors, parfois, de relever à quel point la misère ou la pauvreté ne peuvent être des mesures uniquement liées à notre condition de vie et à nos « possessions ». À mon sens, c'est essentiellement un état d'esprit. À cet égard, les Indiens détiennent indéniablement une richesse à faire pâlir d'envie de nombreuses nations européennes.

Mon Inde à moi, c'est une Inde merveilleuse, étourdissante,

stimulante, extravagante, abondante et nourrissante. Certes aussi bouleversante, provocatrice, initiatrice : elle t'aspire et t'inspire. Elle te vide et t'envahit à la fois. C'est une puissante terre d'expérimentation.

Une fois sortie de chez moi, de cet espace intime qui était le théâtre de nos émois, j'oubliais instantanément ce qui pouvait parfois tant me troubler. Je me nourrissais avec boulimie de toute l'abondance d'énergie qui émanait de chaque recoin de la ville. J'étais spécialement réceptive aux spectacles qu'offrent les rues, aussi banals puissent-ils sembler pour un indigène. Contempler les scènes de vie, la population et l'intense dynamique commerciale me fascinait. Chaque journée passée à Mumbai avait un goût d'extraordinaire. Plusieurs fois, installée confortablement sur la banquette arrière - crasseuse et pleine d'histoires - d'un vieux taxi noir et jaune, je me retrouverai happée par une joie intense, presque paralysante. Le contexte sera presque toujours identique, à l'exception du décor intérieur, de l'odeur des bâtons d'encens qui brûlaient sur le tableau de bord et de l'ambiance des ruelles empruntées. Derrière mes grosses lunettes à soleil, les fenêtres grandes ouvertes, coincée dans un sempiternel embouteillage, je me faisais dévisager par les occupants des véhicules avoisinants, et par mon chauffeur lui-même. Je m'étonne encore du fait que ces hommes, avec leurs grands yeux noirs insatiables, n'aient jamais songé à ce que leur façon de me fixer sans complexe dans le rétroviseur central pouvait me mettre mal à l'aise. Abstraction faite de ces quelques éléments parfois perturbateurs, je me laissais surprendre, toucher au cœur, échangeant un regard ou un sourire avec qui comprenait ce que mes sens percevaient. Ce que je voyais n'avait à la fois rien de particulier, mais tout d'exceptionnel. Ce temps « perdu » à naviguer d'un bout à l'autre de la ville était pour moi une source d'émotions, d'inspirations, de bonheur.

L'air de la ville me transperçait : lui seul savait toucher les parties les plus inatteignables de mon cerveau. Il savait communiquer avec mon inconscient, dans un langage simple qui pouvait déclencher en moi d'indescriptibles feux d'artifice sensoriels. Je ne saurais expliquer d'où, ni de quoi émanait cette énergie enivrante et bienfaisante. Qu'importe la raison, cela me permettait de percevoir la vie différemment.

Plusieurs scènes viendront me marquer si profondément qu'elles refont surface, aujourd'hui encore, sans autre raison que celle de me rappeler à la sagesse ou à la gratitude. Lorsque ces souvenirs apparaissent, ils sont accompagnés des bruits et des odeurs qui constituaient le décor et l'ambiance du moment. Il arrive qu'un détail resurgisse et me trouble, d'autant plus si son interprétation est inédite ou qu'elle me renvoie à un élément de ma vie actuelle.

Je me rappelle de cet homme, un matin pluvieux du mois de juillet. Nous sommes en pleine mousson. Notre première mousson. Je viens de déposer mon fils à l'école, en taxi, comme d'habitude. Sur le chemin du retour, je suis la seule passagère. L'humidité ambiante est étouffante, les routes sont saturées d'eau et de conducteurs qui tentent de contourner les nouvelles déformations de la chaussée creusées par les violentes pluies saisonnières. Arrêtée dans une ruelle que j'avais déjà l'habitude d'emprunter, j'observe la vie en plein essor. J'admire, un peu plus loin devant nous, cette belle vache sacrée. Elle passe ses journées à dévorer des bottes d'herbe que des passants achètent à la personne qui l'a louée pour en faire une source de revenus ponctuelle. Je m'étonne d'ailleurs à nouveau du nombre de fidèles qui s'offrent une bénédiction en chemin, échangeant une pièce contre le privilège de pouvoir toucher ou nourrir l'animal sacré. Mais ce jour-là, à quelques mètres de cette bête attachée à son frangipanier[2], se trouve un homme étendu sur le sol. La vision d'une personne allongée par terre m'est déjà devenue familière, mais celle-ci m'interpelle différemment. Il se trouve en contrebas du trottoir, couché dans un lit d'eau stagnante d'une couleur grisâtre, le visage face au ciel. Son corps manifeste de violents spasmes. Il est en danger. Et moi, je suis juste là, à quelques mètres, immobile, dans mon taxi, le cœur battant… Je cherche désespérément du regard quelqu'un qui puisse lui venir en aide. Quelques personnes lui passent à côté sans même lui prêter attention. Soudain, une femme cachée sous un parapluie noir s'agenouille près de lui. Elle crie quelque chose en hindi

---
2 Arbre également appelé Plumeria. Ses fleurs sont parfumées.

en direction des commerçants du trottoir d'en face, immergeant son sari[3] dans l'importante flaque d'eau.

La ville étant construite sur une sorte de cuvette, certaines zones ont une altitude plus basse que le niveau de la mer à marée haute : les pompes ne peuvent alors plus évacuer l'eau des pluies puisque le niveau de la mer partout autour se retrouve plus élevé. Mais à ce moment précis je n'ai que faire des conditions météorologiques, des fréquentes inondations ou encore du niveau de la marée. Je suis face à cet homme en péril, prisonnier d'un corps qui ne semble plus répondre de rien, dans des conditions inhumaines. Je suis également face à ma conscience. Tiraillée entre une petite voix qui me dit de sortir de ce taxi et d'aider ce pauvre homme qui semble être en train de mourir sous mes yeux, et une autre qui me chuchote de terribles vérités : « Suis-je vraiment la plus concernée par ce qui se passe parmi toutes les personnes présentes ici ? Comment communiquer ? Que puis-je faire pour lui ? A-t-il droit à des soins en milieu hospitalier même s'il n'a pas de quoi les payer ? » Je ne sais même pas quel est l'hôpital le plus proche, ni comment le déplacer. Alors je ne bouge pas. Deux jeunes hommes arrivent en courant et se mettent à genoux dans ce bain multibactérien pour accomplir leur devoir de concitoyens. Au même instant mon taxi redémarre et nous reprenons tranquillement notre route. Je suis alors envahie d'une immense tristesse, je pleure en silence, honteuse et troublée.

Quelques jours plus tard, exactement au même endroit, je me retrouverai face à un cortège funèbre qui remonte la rue par laquelle je reviens d'avoir été chercher mon fils à l'école. J'observe un char tiré par plusieurs hommes vêtus de blanc venant en sens inverse, sur lequel se trouve un corps couché. Il repose sur un lit de fleurs. Des « pleureuses » marchent derrière le défunt qui ressemble étrangement au pauvre homme pour lequel je n'avais trouvé ni la manière, ni le courage, ni la force de venir en aide.

Cette scène me semblera surréaliste. Les liens entre ces deux

---

3 Vêtement traditionnel indien porté par des millions d'Indiennes depuis des siècles. Il se compose d'un morceau de tissus d'environ 6 mètres de long et d'une courte blouse à petites manches.

événements ne peuvent être le fruit d'une simple coïncidence. Dans l'émotion, je crois reconnaître le visage de l'homme en détresse.

Alors pourquoi me retrouvais-je à nouveau arrêtée juste à côté de ce corps, mêlée à ce convoi funèbre, à cet endroit précis ? Cette « mise à l'épreuve » serait-elle destinée à me confronter à ce que je suis, à me bousculer, profondément ? Que de questionnements… C'est épuisant !

Je resterai bouleversée un long moment. La manière avec laquelle ce cortège parvenait à se faufiler au milieu de cet intense trafic en pleine heure de pointe semblait invraisemblable. Un homme précédait le défilé en faisant des mouvements qui ressemblaient à une chorégraphie parodiée. Il cherchait à dégager un passage suffisamment large pour permettre au char d'atteindre sa destination. Les trous et autres irrégularités de la route secouaient le corps du pauvre homme étendu au milieu d'un capharnaüm inimaginable. Des voitures, des motos, des vélos, des piétons, des animaux et des bus s'étaient retrouvés disposés frontalement au milieu de la chaussée. Mais par je ne sais quel miracle, tel un courant d'eau que rien ne peut arrêter, chacun s'est frayé un chemin sans paraître dérangé par le brouhaha créé par les cris et les klaxons. L'indifférence générale avec laquelle chacun tentait de s'extirper de ce nœud routier était déconcertante.

Je me retrouvais sans cesse envahie par cette étrange impression d'être tout juste sortie de ma chrysalide, d'ouvrir les yeux sur le monde et d'enfin oser m'engager, après trente ans d'existence, dans une dimension bien plus réaliste que ne l'avait été ma vie jusque-là. Jamais je n'avais été confrontée à une pareille diversité de sensations et d'émotions. Plus aucune trace de normalité, tout se vivait là-bas avec excès et contradiction. De l'indescriptible beauté faisait face à de l'incommensurable laideur. De la joie intense relayait des peines qui semblaient insurmontables. De la profonde bienveillance nous consolait d'immondes fourberies… Blanc ou noir, chaud ou froid, des extrêmes omniprésents. Notre quotidien était devenu un exercice d'ajustement cérébral très subtil.

Je me souviens de cette autre scène à laquelle j'assisterai avec beaucoup d'émotion. Il est près de vingt-deux heures lorsque nous sortons d'un restaurant dans un quartier branché du sud de la ville. Je suis attirée par le protocole de sécurité qu'un homme effectue pour sa famille sur le trottoir d'en face, à quelques mètres de là. Le filet transparent qu'il termine d'installer tout autour d'une structure de bois rectangulaire entoure un campement plus que rudimentaire : une fine natte posée sur le trottoir, sur laquelle sont allongés sa femme et ses deux enfants déjà endormis et partiellement recouverts d'un drap. Cette besogne a pour but de protéger leurs corps recroquevillés les uns contre les autres des moustiques, rats et autres prédateurs nocturnes. Une fois terminée, l'homme s'allonge à même le sol, à côté de l'abri. Il se rapproche au plus près de sa femme qui est étendue juste à côté de lui. Je l'imagine pouvoir sentir sa respiration à travers la fine barrière qui les sépare, à défaut de pouvoir recevoir sa chaleur pour la nuit. Je suis profondément touchée de constater combien quelqu'un qui ne possède rien peut avoir tant à offrir. Une belle leçon d'humanité pour nous autres qui avons tendance à oublier que nos privilèges ne sont pas des dus. Quelle que fût sa richesse, il offrait le meilleur à sa famille… cela faisait de lui, à mes yeux émus, un grand homme.

Oui, chaque déplacement était la promesse d'émotions. Il m'arrivait parfois d'interrompre une course en taxi pour m'attarder dans un lieu qui m'appelait. D'autres fois, quelques secondes d'attention sur une personne ou sur quelque chose de particulier pouvaient me bouleverser des heures durant. De jour comme de nuit j'étais totalement émerveillée par ce que les rues m'enseignaient. Une fois la nuit tombée, nous semblions pénétrer dans l'intimité de ces millions de gens qui vivent dehors, exposés aux regards de tous. Je ressentais parfois de la gêne ou de la pudeur face à des situations auxquelles j'étais vraisemblablement seule à prêter attention.

Je demeure marquée par une soirée qui aura été la plus intense démonstration des étranges opposés que nous offrait Mumbai.

Nous partons stressés pour nous rendre à l'une des nombreuses cérémonies de mariage d'une voisine très appréciée, au Taj Mahal Palace. Les enfants n'avaient pas « coopéré » pour nous faciliter le départ et je venais de traverser un instant d'énervement au moment du choix de ma tenue qui devait être appropriée au lieu, à l'événement et à la classe sociale dans laquelle nous allions nous infiltrer. Toutefois, une fois installés dans notre véhicule climatisé, la pression retombe. Plus nous nous approchons de ce lieu somptueux, plus nous nous plongeons dans une ambiance festive. La circulation est dense et les rues sont animées. Il est dix-neuf heures. J'ai l'impression d'être face à un écran de télévision et d'avoir, comme dans mes souvenirs lorsque j'étais petite, mon père à côté de moi qui change sans arrêt de chaîne, surtout au moment où l'intrigue devient la meilleure. Arrêtés en bas d'un pont au plein cœur d'un carrefour très fréquenté, nous nous retrouvons quelques minutes juste à côté d'un homme unijambiste qui se tient debout sur le trottoir. Le torse nu, il porte pour seul vêtement un tissu blanc drapé autour de la taille. Sa compagne l'aide à s'installer sur une couverture posée par terre, à travers laquelle on peut deviner le relief du sol composé de gros pavés. Ils s'apprêtent à y passer la nuit, à moins d'un mètre de la route, la tête à hauteur des pots d'échappement. Ils ne semblent pas perturbés pas leur environnement. La jeune femme qui semble veiller sur lui avec la douceur d'un ange gardien, s'agenouille à ses côtés et s'adresse à lui avec une tendresse infinie. L'enlaçant de son bras menu à moitié couvert de bangles[4] multicolores, elle emballe d'un drap leur corps réunis. Ce dernier délimite les contours de leur infime intimité. L'instant s'achève, et la voiture redémarre en direction de l'endroit le plus luxueux de la ville.

À cet instant, je ressens un mal-être profond. J'ai l'impression d'être une bouteille de liquide gazeux que l'on ouvre juste après l'avoir violemment secouée. Mes valeurs, mes aspirations ainsi que tout ce qui

---
[4] Fins bracelets que les Indiennes portent souvent en nombre et dans un ordre symétrique sur leurs poignets

semblait avoir de l'importance et du sens dans ma vie sont d'un seul coup remis en question, dévalorisés, discrédités, anéantis. Cette vision vient m'arracher à mon ancrage, je pars à la dérive. J'aimerais hurler pour me libérer de cette chose violente qui m'oppresse. Une fois encore, je ne me reconnais pas. Il me semble avoir éclaté en mille morceaux… Je ne souhaite en récupérer qu'une partie, le reste m'empoisonne. Quelque chose vient rompre avec certaines croyances qui m'avaient, jusqu'alors, rassurée. Je suis perdue.

Je n'ai plus du tout envie d'aller jouer le rôle de figurante dans ce majestueux palace. Plus envie d'échanger des sourires courtois avec une poignée de la population locale, constituée exclusivement de gens richissimes et vertueux. Plus envie de faire semblant de trouver en nos discussions insignifiantes de quoi me nourrir et grandir. Je veux rentrer, enlever ce déguisement et me défaire de chacun des artifices que j'ai méticuleusement choisis, et qui symbolisent eux aussi la confusion avec laquelle j'oriente mes priorités. Mais je ne ferai rien fait de tout cela.

Nous poursuivons notre route en silence jusqu'à la gigantesque Porte de l'Inde, devant laquelle nous nous arrêtons quelques instants, en attendant que mon visage retrouve son expression habituelle. Notre chauffeur nous dépose devant l'entrée du Palace tout illuminé. Je prends alors une grande respiration et parviens à dissimuler ma fragilité émotionnelle du moment derrière l'un de mes masques. La cérémonie est grandiose : une chanteuse indienne très populaire fait une apparition surprise, les médias sont nombreux à couvrir l'événement et chaque invité est choyé avec grande attention. Tout est parfait… démesuré mais parfait. Néanmoins, nous partons les premiers. Je retrouve un semblant de réconfort une fois rentrée auprès de mes enfants. L'image de leurs deux petits corps endormis et emmêlés vient aussitôt apaiser mon désordre intérieur.

J'entrais clairement dans une phase de sensibilisation, de déstructuration de valeurs et de schémas, mais je n'étais pas encore prête à suivre aveuglément mon intuition ni à répondre instinctivement aux suggestions que mon esprit me formulait. Toutes ces circonstances, ces émotions, ces visions étaient une sorte d'initiation pour m'ouvrir à quelque chose de nouveau - ou plutôt à tout ce que j'avais oublié - et cela ne pouvait s'effectuer sans me bouleverser. Je savais durant ces instants éphémères que ma place était là. Je croyais en l'importance de cette rupture que j'avais enclenchée le jour de notre départ, je mettrai seulement du temps à en comprendre les raisons et à en accueillir les bénéfices.

Il y a tant de choses que j'ai aimé voir, vivre, ressentir, découvrir. Elles définissent aujourd'hui encore, au travers de mon regard sur ce pays, sa beauté, sa richesse et sa grandeur. Je reste imprégnée des reflets et des effluves de cette Inde qui a été, pour un temps, mienne. Cette Inde qui ne peut se résumer, mais qui résonne en chacun de nous de mille et une manières. Mon esprit me ramène souvent à des scènes de vie très hétéroclites. Il arrive qu'une partie de moi soit tiraillée entre réalité et fiction, au point de me demander si tout cela a réellement existé.

Mes flashs d'aujourd'hui sont probablement différents de ce qu'auraient été mes souvenirs de demain. Mais lorsque je ferme les yeux et me reconnecte aux plaisirs de mon aventure indienne, certaines visions semblent ancrées éternellement.

J'aimais la chaleur des mois préservés de la mousson, dont l'odeur évoquait les vacances. L'arrivée des pluies était quant à elle une délivrance, elle me faisait penser aux automnes pluvieux durant lesquels on apprécie une tasse de thé, blotti au coin d'un premier feu de cheminée.

J'aimais le bruit du vent côtier. Il créait un clapotement apaisant lorsqu'il entrait en contact avec les feuilles des arbres hauts perchés.

J'aimais la façon qu'avait ce peuple d'écouter et de respecter ses besoins vitaux. Il sait simplement prendre le temps, s'offrir un instant pour savourer à tout coin de rue un Chai ou une petite friture. J'admirais l'évidence, la simplicité avec laquelle les hommes arrivaient à s'abandonner à leur sieste quotidienne lorsque la fatigue se faisait sentir. L'heure, le brouhaha ambiant et le lieu n'avaient guère d'importance, il était fréquent de croiser un corps assoupi et recroquevillé à même le sol, ou posé en équilibre sur une rambarde. Instinct de survie, instinct de plaisir, le corps et l'esprit des Indiens semblent puissamment connectés.

J'aimais aussi assister au défilé des heures de pointe, inlassablement surprise par la blancheur et la netteté du repassage des chemises que portait presque chaque homme que mon regard croisait. À leurs côtés, des femmes vêtues de saris ou de kurta[5] jamais identiques illuminaient le flux de cette rivière humaine aux mille couleurs. Elles osent les fantaisies et associations aussi insolites qu'extraordinairement innovantes.

J'aimais la saison des mangues, les ruelles de la ville tout entière se coloraient d'un jaune orangé éblouissant. Ces énormes pépites délicieusement sucrées et juteuses nous étaient livrées par douzaine dans des coffrets en bois remplis de paille. Elles embaumaient chaque espace qu'elles contaminaient par leur simple présence. Elles avaient une place d'honneur lors de chaque repas qui se transformait incontournablement en un instant festif. Nous les dévorions comme l'on croque dans une pomme, les coupions en petits cubes pour les ajouter à des mets cuisinés, en faisions des jus, du chutney, des marinades, les ajoutions à des yaourts, préparions des confitures et même du sirop. Nous ne nous lassions pas d'en manger. Nos papilles étaient en état « d'alerte plaisir » maximum.

J'aimais les élans de patriotisme auxquels nous nous retrouvions mêlés à tout instant. Au cinéma, à l'école avant le début des cours et lors de célébrations, nombreuses étaient les occasions de chanter l'hymne national indien, qui, par je ne sais quelle puissance, avait le pouvoir de figer quiconque pouvant discerner de près comme de loin cette magnifique mélodie. L'hymne est en lui-même un air musical très poignant. Le fait d'y ajouter cette concentration d'attention absolue, inconditionnelle et contagieuse de la part de l'ensemble de la population apportait une dimension enivrante à cet instant d'immobilisation physique solennelle. Je ne pouvais, parfois, pas retenir mon émotion.

J'aimais profondément assister aux échanges de regards entre mes enfants et ceux des rues, que tout opposait et rassemblait en même

---
5 Longue chemise ouverte sur les côtés.

temps. Nous rencontrions souvent aux mêmes carrefours des visages juvéniles devenus familiers. Ils étaient en charge de décrocher quelques pièces aux occupants des véhicules arrêtés aux feux. Ils s'approchaient toujours de notre voiture en arborant un air de profonde tristesse et de désespoir absolu. Mais aussitôt qu'ils reconnaissaient nos enfants avec qui ils avaient l'habitude d'échanger deux ou trois mots, une sucrerie ou quelques signes d'un langage qui leur était propre, leur masque tombait.

Que j'aimais aussi me laisser surprendre par la découverte de boutiques ou restaurants dont aucun indice extérieur ne pouvait laisser présager de la beauté des lieux. Dans les entrailles d'architectures rudimentaires étaient dissimulés des dizaines d'espaces extraordinaires, aux apparences de bâtiments délabrés. Leurs adresses se transmettaient essentiellement de bouche à oreille. Ces endroits étaient d'incontournables références, des lieux de rencontre dans lesquels j'aimais parfois me retirer pour recharger mes batteries.

J'aimais nos repas en famille dans l'un ou l'autre des petits restaurants que nous avions pris pour habitude de fréquenter - souvent découverts par hasard et au confort plus que rudimentaire - dans lesquels nous mangions copieusement tous les quatre une cuisine locale délicieuse pour quelques roupies seulement.

Les balades en rickshaw[6] dans les ruelles ombragées et verdoyantes du quartier de Bandra sont également de beaux souvenirs. Me laisser bercer par le bourdonnement du moteur et par les légers sautillements provoqués par les trous sur la chaussée était un divertissement qui me faisait retrouver des plaisirs juvéniles. Seule ou entassée contre une demi-douzaine d'autres passagers, le nez à hauteur des gaz d'échappement des véhicules avoisinants, je trouvais en chaque promenade de l'amusement. Comme si rien ne pouvait se soustraire au charme de ces véhicules mythiques.

J'aimais les moments que nous passions au cœur de Dharavi, le plus ancien et l'un des plus grands bidonvilles d'Asie. C'est ici qu'ont été tournées certaines scènes du célèbre film *Slumdog Millionaire* réalisé

---
[6] « Tuk-tuk ». Petit véhicule à trois roues, sans porte, servant de taxi.

par Danny Boyle. Lorsque nous nous y rendions en famille, nos enfants étaient accueillis avec une touchante gentillesse par les jeunes qui jouaient, sans chaussures, sur la place de terre caillouteuse qui leur servait de terrain de foot. Ils étaient profondément reconnaissants envers ceux qui venaient bénévolement leur apprendre à jouer et passer un peu de temps avec eux. Mon mari aimait se consacrer, lorsqu'il le pouvait, aux jeunes passionnés de football qui appartenaient à ces quartiers. Il aura même été, un temps, l'entraîneur d'une équipe de jeunes filles. Elle représentaient les plus privilégiées parmi toutes celles qui désiraient s'adonner à ce sport. Pour les autres, il leur était difficile de gagner la confiance de leurs parents, ce milieu étant communément réservé aux garçons.

Je me rappelle aussi de ces instants particuliers où j'osais pénétrer dans un temple. Pieds nus, je me baladais timidement, appréciant le silence - à peine perceptible - étouffé par le brouhaha extérieur. J'aimais ressentir l'énergie des lieux, contempler les gestes lents et méticuleux de ces hommes et femmes venus se recueillir ou faire une demande, une offrande à l'un des nombreux guides spirituels que se partage le peuple hindou.

J'éprouvais un réel plaisir à me faufiler dans des boutiques de haute couture indienne et me laisser convaincre d'essayer des robes recouvertes de pierres semi-précieuses, pesant plusieurs kilos et réalisées dans des couleurs qui, d'ordinaire, échappaient à mes coups de cœur. J'avais soudainement l'impression de pénétrer dans le monde imaginaire de ma petite fille qui côtoyait régulièrement les princesses des « Mille et une Nuits ». Plus modestement, j'aimais me laisser recouvrir d'un sari noir lorsque j'en voyais un qui me plaisait. Cette tenue était une parfaite alternative locale à la classique petite robe noire occidentale.

J'affectionnais également chaque occasion d'habiller mes enfants avec des vêtements traditionnels. Le règlement scolaire imposait des codes vestimentaires stricts, or il était fréquent que nous devions vêtir nos deux petits indo-suisses de tenues locales afin d'en faire de vrais patriotes. Ils étaient magnifiques et se prêtaient au jeu avec grand plaisir.

Lorsqu'il fallait les habiller ainsi, chaque détail avait son importance. J'adorais voir ma petite fille dans son mini sari fuchsia et mon garçon porter son Gandhi cap[7] blanc sur la tête pour compléter sa tenue préférée ; un mini kurta coloré. La touche finale consistait à réaliser un double tressage symétrique sur la tête de ma princesse indienne aux cheveux d'or. Cependant, je devais faire preuve de rigueur dans le suivi de leurs agendas qui ne proposaient pas nécessairement le même programme de divertissement ou de célébrations. Il m'est arrivé d'intervertir maladroitement certaines requêtes de l'école, ce qui valut un jour à mon fils de rejoindre sa classe déguisé en squelette à la place de sa petite sœur qui elle était supposée porter un déguisement pour Halloween. Le pauvre s'était retrouvé tout seul vêtu de ce costume totalement inapproprié à la banale journée qui l'attendait dans son environnement scolaire plutôt rigide et peu enclin aux plaisanteries.

Mais il y avait une chose que j'aimais par-dessus tout… C'était cette pleine conscience de faire partie d'un système en perpétuel mouvement, innovant et pleinement connecté au reste du monde. Nous étions à l'affût de tout ce qui nous permettrait de balayer ce vide qu'il fallait à tout prix combler. Je me tenais prête, impatiente de réorienter nos objectifs et excitée à l'idée de nous engager dans une activité probablement inédite. J'aimais alimenter mon esprit en lui ressassant que les possibilités étaient illimitées. Cela me donnait de la force et légitimait cette confiance que nous accordions aux opportunités qui se présentaient à nous avec une note d'évidence. J'étais imprégnée du sentiment que le meilleur restait à venir. Notre quotidien était parsemé d'émotions, d'excitation, d'adrénaline, d'excès et d'intensité. Nous ne vivions jamais dans la demi-mesure. Et bien qu'il allait être difficile de conclure, nous pensions nos blessures et réitérions sans cesse notre candidature.

---

7 Chapeau blanc en tissu, accessoire traditionnel indien. Symbole de l'indépendance, il est porté par les Dabbawalas (livreurs de repas).

୪

Mon blog sera un excellent moyen d'expression. J'ai très vite ressenti le besoin de partager mes aventures, de publier mes photos et de faire honneur aux scènes de vie que je réussissais souvent à immortaliser malgré l'agitation ambiante. J'avais décidé qu'il ne contiendrait que de belles histoires, mes plus belles histoires... Je garderais pour moi ce qui n'inviterait pas le lecteur au voyage, il existait suffisamment d'autres supports numériques où lire des histoires tristes. Je voulais que cet espace virtuel soit, pour tous ceux que je laissais derrière moi, une fenêtre entrouverte sur ma nouvelle vie, la vitrine de cette Inde telle que je l'aimais.

J'ai alors régulièrement reçu de touchants retours de lectrices qui aimaient se plonger dans mes récits. Contrairement à Facebook, cet espace ne me confrontait pas souvent à la gent masculine : rares étaient les hommes qui me transmettaient leurs impressions sur mes articles. Cependant, l'un d'eux m'a un jour reproché d'avoir « arraché mes enfants à leurs grands-parents » et d'avoir « quitté une vie stable et prospère pour nous engluer dans un projet incertain et dangereux ». Il ne comprenait pas pourquoi nous manifestions ce besoin de prendre des risques alors que notre vie semblait gratifiante.

Ce lecteur avait, comme des milliers d'autres gens, suivi le début de nos aventures dans l'émission Bye Bye la Suisse, diffusée sur la principale chaîne de télévision francophone en Suisse. Les images sélectionnées ainsi que scénario offraient un aperçu de ce que nous laissions derrière nous et de ce que devenait notre nouveau quotidien à Mumbai. Notre équipe de tournage a très vite eu accès à l'ensemble de notre univers. Nous n'avions rien à cacher et assumions pleinement notre démarche. Nous lui avons alors ouvert les portes de notre vie de famille - pour ne pas dire intimité - et lui donnions libre accès à toutes nos activités.

De nombreux voyages lui ont été nécessaires pour qu'elle puisse avoir la chance, ou pas, de capturer nos moments forts, drôles, tristes ou inattendus - matière indispensable à la réalisation de cette émission.

L'origine de cette exposition médiatique avait pour idée d'immortaliser notre histoire. Aussi, mon mari avait pensé que cela pourrait apporter une précieuse visibilité à notre activité déjà existante en Suisse et, par la même occasion, à celle que nous nous apprêtions à démarrer en Inde. La chaîne avait publié une petite annonce indiquant qu'elle recherchait des gens qui quittaient la Suisse pour s'installer à l'étranger. Nous y avions répondu sur un coup de tête, sans réellement nous préoccuper d'un retour, ni même nous demander en quoi cela nous impliquerait. Notre projet a immédiatement séduit les réalisateurs.

Nous ne nous rendions pas compte de l'ampleur que cette diffusion allait prendre, ni que cette expérience allait se greffer comme un module à part entière à notre apprentissage du lâcher-prise. Notre quotidien ayant été sans cesse parsemé d'incertitudes et d'improvisations, il était très difficile de prévoir des dates de tournages durant lesquelles garantir du contenu intéressant et exploitable. Il est arrivé qu'un projet important se soit écroulé la veille de leur venue, ou que de fâcheuses circonstances nous empêchent d'entreprendre ce qui avait été programmé durant une période de tournage. Lorsque nous nous retrouvions dans de telles situations, il était alors, à mes yeux, moins contraignant d'assumer le fait que les choses ne se passent pas comme prévu que de devoir trouver de quoi alimenter ledit épisode. Je me retrouvais souvent seule à devoir imaginer un scénario de substitution. Raphael, mon mari, semblait plus détaché face à cette responsabilité, il accordait une priorité aux fondations de notre avenir.

J'avais parfois l'impression d'assumer un rôle d'organisatrice d'événements. Cette importante occupation m'incombait alors que je n'avais à aucun moment imaginé devoir me soucier d'une telle responsabilité dans mon quotidien déjà suffisamment éprouvant. Il est vrai que je prenais très à cœur notre engagement, rien ne m'obligeait à m'impliquer de la sorte. Mais nous avions, à mon sens, le devoir moral de fournir de la « matière exploitable » et la responsabilité, dans la mesure du possible, de ne pas laisser cette émission nuire à notre image. Bien que nous étions évidemment conscients des plans qui étaient tournés et des images que nous leur offrions, nous ne bénéficions d'aucun droit de regard avant la diffusion de chacun des douze épisodes répartis sur deux saisons. Les enjeux étaient sérieux. Nous devions accepter l'intégralité des règles du jeu et, une fois encore, quelque chose nous interdisait d'abandonner.

Je dois admettre que ces préoccupations liées au tournage n'étaient toutefois pas le plus difficile à accueillir. Nous étions conscients que le but d'une production est d'attirer un maximum de téléspectateurs. Nous savions aussi que son montage allait susciter des réactions contrastées, chacun étant libre d'interpréter à sa manière ce qui semble être la réalité des protagonistes. Nous découvrions alors chaque semaine un nouvel épisode en rediffusion sur internet, après sa parution inédite en Suisse, mais nous pouvions déjà nous faire une idée de ce qui avait été diffusé au moment où nous commencions à recevoir les retours de nos proches et des messages d'inconnus qui réagissaient à l'émission. C'était un drôle de moyen de sonder à quelle sauce nous avions été mangés. Au moment du visionnage, je retenais mon souffle dès que j'entendais la petite musique du générique, puis assistais à notre histoire avec un mélange d'émotions. Laissant échapper des rires, des larmes, des interrogations et des jugements sur le fond, la forme et le style, bien entendu. Quel exercice d'humilité hors du commun ! Je vivais une sorte de mise à nu à laquelle je ne m'étais pas préparée. Mais aussi une expérience inoubliable qui semble avoir gravé notre histoire dans le temps et dans notre mémoire.

Il nous était donc concevable que notre démarche, interprétée telle quelle au travers de l'émission, puisse susciter de l'incompréhension. Il est vrai qu'en Suisse, nous ne manquions de rien. Nous avions une vie équilibrée, vivions à proximité de nos familles et amis, et avions réussi à relever un beau défi lors de l'ouverture de notre établissement à

Nyon. Notre bar, comme notre restaurant, était vite devenu un endroit apprécié par une belle et fidèle clientèle. Nous étions heureux, notre couple était solide, nos enfants grandissaient dans un environnement privilégié, tout était parfait. Alors pourquoi tout plaquer ?

Pour réaliser un rêve... Un rêve que mon mari s'apprêtait à oublier, à enfouir au fond de son baluchon à regret. Alors, dans l'idée que vieillir avec des regrets est ne pas avoir pleinement vécu, nous avons choisi, ensemble, de célébrer la vie.

Nous avions à plusieurs reprises brièvement discuté de ce désir qu'il avait de partir un jour vivre en Inde afin de se retrouver au plus près de ses origines. Il désirait sincèrement expérimenter un autre style de vie et s'investir dans un projet qui lui offrirait la chance de découvrir avec intensité les multiples visages de ce pays dans lequel il avait l'habitude de séjourner quelques semaines par année depuis son enfance. Et ouvrir un restaurant suisse en Inde afin de créer davantage de liens entre les deux pays auxquels il se sent appartenir depuis toujours était alors devenu ce rêve. Avec le temps, il avait accepté que je puisse ne pas être la personne qui l'accompagnerait dans une telle démarche. Tant de choses me tenaient à distance de ce projet. Je ne me rappelle même pas avoir pris la peine durant toutes ces années de me questionner sérieusement sur l'éventualité d'un tel engagement. J'étais catégorique : jamais je ne quitterai mon pays !

En ce temps-là, marchander en hindi le prix d'un bouquet de coriandre posé à même le sol sur un trottoir de Mumbai m'aurait été inimaginable. L'idée de devoir cohabiter avec des cafards de la taille d'un couteau suisse m'aurait à tous les coups fait défaillir. Quant à devoir assurer personnellement notre propre approvisionnement en eau potable à coup de bouteilles consignées de vingt litres, cela m'aurait juste fait sourire. Non, rien ne semblait alors me prédestiner à un tel changement de vie. J'étais très attachée à mon environnement, à mon confort et aux multiples avantages que m'offrait mon statut de citoyenne suisse. Et par-dessus tout, j'avais besoin de savoir ma famille et mes amis près de moi. Quitter mon village natal me semblait difficilement imaginable et j'étais très au clair sur le fait que jamais nous ne nous installerions en ville. Les probabilités qu'un tel retournement de situation se produise étaient donc plutôt minces, voire inexistantes.

C'est pourtant moi qui suis revenue sur le sujet un dimanche soir d'automne, sans avoir rien vu venir, comme poussée par quelque chose auquel on n'échappe pas. La vision que je me faisais de notre avenir prenait soudainement une nouvelle dimension. L'heure avait sonné pour un changement, il était temps de bousculer un peu mes acquis. Après coup, cette réorientation soudaine et radicale de ma part n'avait finalement rien de surprenant, ce n'était pas la première fois que je me retrouvais poussée par une envie brûlante de nouveauté et d'expérimentation. J'ai alors simplement proposé à mon mari de partir, lui expliquant que j'avais très envie de vivre quelque chose de fort, de différent, d'un peu fou. Cette idée de restaurant suisse à Mumbai me semblait être dans la continuation logique des choses.

Il ne me prendra pas tout de suite prise au sérieux, mais, très vite, emporté par sa réjouissance, il se plongera avec pragmatisme dans toutes sortes de raisonnements logistiques. Il ne m'a demandé qu'une fois si j'étais sûre de moi. Après quoi nous avons validé tous les deux le projet et nous sommes mis d'accord sur l'idée qu'il fallait mettre la machine en route immédiatement. Partir sans trop peser le pour et le contre, ni trop réfléchir ou mesurer les chances qu'avait notre défi d'être réalisable (au risque de nous décourager et de laisser s'installer la résistance). Ce même soir, quelques heures plus tard, la décision était prise : nous partions.

Dès lors, tout s'accélère. Renseignements pris sur les démarches à suivre et sur le temps que nos préparatifs allaient nécessiter, nous annoncions déjà notre départ imminent à notre entourage. Cette décision était difficile à entendre. Personne n'était préparé à une telle nouvelle. Très proche de ma mère, j'ai beaucoup admiré sa générosité de cœur, sa manière de m'accompagner dans ce projet tout en essayant de cacher du mieux qu'elle le pouvait sa tristesse. Sans m'affoler ni s'égarer dans des arguments effrayants, elle m'a quand même délicatement mise en garde contre les éventuels risques que nous prenions. Mais jamais elle ne m'a découragée, même si je pouvais ressentir sa crainte que nous nous brûlions les ailes.

Durant nos préparatifs, je pensais être la seule personne à me croire capable d'affronter ce que je m'apprêtais à vivre. Je n'avais guère le profil de l'aventurière qui allait réussir à s'acclimater en un tour de main à l'environnement et aux difficultés qui nous attendaient. Si la métropole m'était déjà quelque peu familière, elle allait me confronter à bien d'autres réalités que celles reflétées lors de mes derniers voyages. Je savais que ceux qui me connaissaient peu me connaissaient mal, mais en réalité, celle qui se leurrait le plus sur ma personne… c'était bien moi. Je n'allais pas me limiter à surmonter ce défi, j'allais m'en imprégner de tout mon être, me surpasser pour accéder à un niveau supérieur. Or cela n'allait pas se faire sans peine. Une fois là-bas, je devrai gérer toutes sortes de sentiments et de peurs - comme celle que l'on me vole notre petite fille - au point de rentrer parfois à la maison la boule au ventre craignant un plan machiavélique de kidnapping entre la maid[8] et un membre de la sécurité de notre résidence. Chaque nuit, avant de m'endormir, je chassais de mon esprit la probabilité que quelqu'un s'introduise chez nous pendant notre sommeil par l'ascenseur qui arrivait directement dans l'appartement, juste à côté de la chambre de notre fils, consciente des nombreuses failles du système électronique d'identification des usagers. Quels épouvantables scénarios j'ai pu aussi imaginer lorsque je me retrouvais à la merci de chauffeurs douteux qui avaient la mission de me ramener chez moi une fois le soleil couché. Mon cœur cessait presque de battre quand ils ne répondaient plus à mes questions ou qu'il empruntaient d'inhabituelles petites ruelles. J'ai dû aussi faire preuve de beaucoup de sang-froid lorsque mes enfants tombaient malades. Quelle angoisse la fois où j'ai découvert sur internet la traduction du diagnostic émis par la pédiatre après qu'ils s'étaient plaints de fortes démangeaisons. Mais heureusement, la « gale » dont ils étaient atteints

---

8 Gouvernante, aide de maison.

s'était finalement avérée n'être qu'une « simple » allergie (cela m'a tout de même valu trois jours de nettoyage et de décontamination de tout notre espace de vie). D'autres fois, j'ai dû trouver la force d'entrer en confrontation avec de jeunes hommes qui nous emboîtaient le pas lors de balades en bord de mer, devant exiger d'eux qu'ils effacent les photographies prises discrètement de ma fille. J'ai même, un beau matin, frôlé l'arrêt cardiaque à mon réveil lorsqu'un rat a pointé le bout de son nez dans mes W. C.

Tous ces aspects-là de ma nouvelle vie m'avaient bel et bien échappé lors de mes préparatifs. Et tant mieux! Sur place, individuellement, ils seront supportables. L'un après l'autre, ils me bousculeront et parfois me mettront à terre. Mais avant tout, ils me donneront accès à d'inimaginables ressources intérieures.

Au moment de notre départ, nos enfants étaient petits, nous n'avions donc pas à les sortir d'un système scolaire ni à les arracher à leur cercle d'amis. Mais la proximité que nous entretenions avec les membres de nos familles rendait les adieux difficiles, nous avions tous le cœur lourd. De notre côté, toutefois, le chagrin ne durera pas longtemps. Comme si nous savions, au fond de nous, que ce n'était que pour un temps. De plus, nos vies avaient été si remplies par les préparatifs et par une forme d'excitation euphorisante et inédite qu'il n'y avait pas de place pour un quelconque manque dans mon esprit. Plus tard, à Mumbai, la notion toute particulière que j'entretiendrai avec le temps sera, elle aussi, un facteur qui diminuera l'ennui de nos proches. Quant à nos petits, l'indispensable à leur bonheur semblait essentiellement lié à notre présence rassurante à leurs côtés. Ils seront, tout du long, de petits compagnons de route extraordinaires, joyeux, curieux et courageux, et feront preuve d'une grande flexibilité. Leur incroyable capacité d'adaptation nous a énormément simplifié l'existence. Il était fabuleux de constater avec quelle aisance ils intégraient naturellement ce qui soudainement était devenu leur langue de communication, leur alimentation, leur environnement. Ils posaient beaucoup de questions et étaient extrêmement stimulés. C'est toujours dans la joie et la bonne humeur qu'ils accueillaient ce que la vie nous faisait expérimenter.

Emmener des enfants en bas âge vivre dans un pays comme l'Inde comporte évidemment toutes sortes de risques dont il faut être conscients. De ce fait, une seule question serait décisive : « Étais-je prête à assumer cette responsabilité ? » Nous allions de toute évidence les exposer à un environnement sanitaire précaire, même si nous faisions preuve de vigilance. La malaria, la dengue, la tuberculose, la fièvre typhoïde et le paludisme sont de dangereuses réalités que nous devions sérieusement prendre en considération. Des milliers d'Indiens meurent, aujourd'hui encore, chaque année, à cause de l'une ou l'autre de ces maladies, tant elles sont actives dans le pays. Mumbai n'est aucunement préservée de ces menaces. Au contraire. Les désagréments liés à notre santé, auxquels nous allions fort probablement être confrontés, auraient pu couper notre motivation de départ. J'avoue avoir été perturbée par l'ampleur des précautions recommandées ici et là. C'était ma seule crainte, le seul frein à mon excitation, la seule résistance. Comment allais-je gérer ma culpabilité en cas de problème majeur ? Était-ce de la folie et de l'égoïsme d'exposer nos enfants à cette réalité ? Me le pardonnerais-je s'il leur arrivait quelque chose ?

Je n'ai jamais eu de réponses sincères à ces questions, et je ne saurais comment y répondre aujourd'hui puisque nous avons été épargnés. Mais je suis convaincue que si la vie avait voulu ou décidé de nous mettre à l'épreuve, elle l'aurait fait, peu importe l'environnement dans lequel nous nous serions trouvés.

Nous allions certes prendre nos quartiers dans une zone à risques, mais pour les passionnés que nous étions, cet aspect-là ne pouvait à lui seul empêcher notre motivation de départ. Je me suis alors laissée guider par mon instinct - qui me suggérait de faire confiance - et par l'une de mes convictions : nul n'échappe à ce que la vie lui réserve. J'ai néanmoins pris très au sérieux le devoir qui m'incombait de partir en étant informée des maladies et autres dangers potentiels auxquels nous risquions peut-être un jour d'être confrontés. Une grande partie de notre parcours, ou du moins de notre état de santé, resterait toutefois tributaire de la fatalité. Les Indiens me corrigeraient… ils évoqueraient plutôt la loi du karma.

J'étais très au clair sur le fait que pour assurer notre survie ainsi que la sécurité de nos enfants à Mumbai, j'allais devoir redoubler d'attention dans mon rôle de maman protectrice. Préserver notre capital santé impliquerait une extrême vigilance et une écoute différente des signaux de notre corps, à quoi viendrait s'ajouter une surveillance accrue de nos petits protégés, si vulnérables au cœur d'une telle population et de tant d'agitation. Nous quittions notre campagne vaudoise, plus rien ne serait comparable, à part peut-être les vaches qui continueraient à faire partie du décor. D'ailleurs nos rapports aux animaux deviendront, là-bas, presque inexistants : les singes, les chats et les chiens errants étant nombreux à être porteurs de maladies telles que la rage. Cette réalité allait, à elle seule, modifier notre spontanéité et notre relation à notre environnement. Nous allions inévitablement vivre et réagir avec méfiance, nous tenir sur nos gardes.

Au cœur de nos préparatifs de départ, un défi crucial : assurer la pérennité de notre établissement durant notre absence. C'était, nous semblait-il, le plus grand risque que nous prenions et la seule chose que nous laissions en l'état derrière nous en dehors de ceux que nous aimions. Les enjeux étaient de taille, mais nous acceptions d'en perdre momentanément le contrôle.

Je m'étais beaucoup investie en ce lieu. Nous disposons de plus de quatre-cents mètres carrés, sur deux étages, que nous avions totalement réaménagés et métamorphosés quelques années plus tôt. Il était à l'image de ce que nous voulions inspirer : une Inde contemporaine, sobre et chic. Notre restaurant indien propose depuis toujours une cuisine semi-gastronomique, imaginée par mon mari et son chef - un cuisinier extraordinaire que nous étions allés recruter à Delhi et qui nous avait séduits par sa grande maîtrise de la cuisson au tandoor[9].

---
9 Four traditionnel indien en forme de jarre contenant du charbon et permettant une cuisson rapide à très haute température.

J'avais imaginé et choisi avec attention chaque détail concernant l'identité visuelle des lieux. Un travail intense mais très gratifiant que j'ai effectué durant toute ma deuxième grossesse. J'étais enceinte de huit mois lorsque nous inaugurions la partie restaurant, le jour de la Saint-Valentin. Mon ainé n'avait même pas deux ans. Mon rôle au sein de notre établissement s'était alors rapidement restreint à quelques tâches annexes et à la confection des truffes au chocolat que nous offrions, et offrons toujours, avec les boissons chaudes. Je roulais chaque nuit des centaines de grosses pépites aussitôt que j'avais une plage de libre entre les besoins des uns et des autres. Ma vie était bien remplie et me plaisait. J'avais de quoi occuper chaque heure de mes journées. Nous étions dans une dynamique importante de réalisation puisque nous développions simultanément notre cellule familiale et une carrière d'indépendants. J'ai alors mis de côté mon activité de conseillère en image afin de pouvoir me consacrer à mes enfants tout en gardant une certaine disponibilité pour notre entreprise. J'ai toutefois toujours laissé une porte ouverte aux inspirations extérieures parallèlement à mon rôle « d'heureuse maman à plein temps » et « d'épouse engagée ». Elles seront nombreuses à éveiller en moi des envies de projets personnels ou professionnels qui répondent à un besoin de créativité et d'expression.

Je m'étais très vite faite à l'idée que nous allions désormais devoir privilégier la qualité des moments partagés en famille plutôt que leur quantité. Je passais la plupart de mes journées seule à m'occuper de mes deux enfants et ce, régulièrement jusqu'à tard dans la nuit, puisque mon mari jonglait avec des horaires de travail aussi irréguliers qu'imprévisibles. Souvent le rythme était éreintant pour l'un comme pour l'autre. Le stress, la gestion du personnel, les pressions financières et l'épuisement faisaient pleinement partie de notre quotidien, mais déjà, rien ne semblait pouvoir affaiblir la solidité de notre relation. Le temps et l'expérience ne faisaient que renforcer notre complicité. Quels qu'étaient notre mode de vie et les changements auxquels nous devions faire face, ceux-ci nous rendaient plus forts l'un pour l'autre tout en nous construisant individuellement. Là où d'autres auraient pu se perdre, je trouve que nous avons su rester fortement soudés et complémentaires. Notre couple avait ainsi survécu aux années de lancement de notre restaurant. Nos séparations quotidiennes nourrissaient d'interminables échanges que nous aimions avoir au beau milieu de la nuit lorsque mon mari revenait de ses longues journées de travail. Ces instants complices suffisaient à nous maintenir connectés.

Notre arrivée à Mumbai symbolisera la réunification de notre cellule familiale. Nous nous retrouvions soudainement tous les quatre, coupés de tout, vivant avec une constante proximité physique. Au départ c'était merveilleux. Nous apprécions chaque minute passée ensemble comme étant l'occasion de rattraper les instants manqués. Cependant, lorsque ces minutes se transforment en semaines, puis en années, il s'agit alors de réapprendre à vivre tous ensemble, côte à côte. Une grande partie de ce qui venait nourrir nos conversations « habituelles » avait d'un seul coup disparu, remplacée par un quotidien totalement improvisé, atypique et souvent éprouvant, que nous expérimentions main dans la main. Les difficultés que nous rencontrions engendraient de fortes émotions qui inévitablement, par moment, interféraient sur la qualité de l'atmosphère qui régnait entre nos murs. Nous réussirons cependant à préserver notre complicité malgré les périodes difficiles. Parfois l'un de nous ressentait le besoin de se retirer un moment pour réfléchir, calmer un désordre intérieur ou simplement se changer les idées. Nous avions vraisemblablement tous les deux un voyage intérieur à réaliser. Et si nos sources de discussions venaient à se tarir, il nous suffisait de sortir quelques heures dans les rues de la mégalopole pour nous abreuver d'histoires incroyables. Nous nous retrouvions donc rarement à court d'anecdotes, sans cesse stupéfaits par la signature extraordinaire et extravagante déposée sur tout ce que nous vivions. Si la richesse de mon monde extérieur était d'une telle intensité, c'est tout de même dans mon monde intérieur que j'ai découvert les récits les plus troublants.

L'Inde était devenue notre destination de prédilection depuis quelques années. Nous y avions déjà voyagé ensemble à cinq reprises avant de nous y installer. Nos séjours duraient généralement trois à quatre semaines et incluaient des valeurs sûres : Goa pour profiter du bord de mer et Mumbai où nous aimions simplement passer du bon temps. Le reste des vacances variait selon nos envies. J'ai eu la chance de visiter différentes parties du pays. La singularité et la diversité de chaque État constituent la richesse du pays. Mon plus grand coup de cœur s'était produit dans la région de Munnar, qui est connue pour ses paysages de plantations de thé dans l'État du Kerala, au sud du pays. J'ai été fascinée par les milliers d'hectares de théiers recouvrant à perte de vue les collines de cette sublime région montagneuse. La végétation offrait des tableaux spectaculaires.

Nos deux enfants avaient eux aussi déjà découvert le pays et expérimenté les fortes chaleurs indiennes d'avant mousson alors qu'ils avaient respectivement tout juste une année. Chaque aventure nous avait laissé des souvenirs merveilleux.

Mumbai avait été le témoin, le symbole de mon pacte avec l'amour inconditionnel… avec l'éternité. Nous étions liées toutes les deux depuis que je m'y étais mariée « à l'indienne » quelques mois après notre union en Suisse. Nous avions voulu célébrer notre engagement avec les membres de la famille de mon mari qui n'avaient alors pas pu nous rejoindre pour l'occasion. C'était la première fois que je rencontrais la majorité d'entre eux, la première fois que je découvrais le pays et que son énergie me transperçait. C'était aussi la première fois que la couleur quasi laiteuse de ma peau sera considérée comme un critère de beauté et perçue comme un privilège aux yeux des femmes qui croisaient ma route. La première fois enfin que je revêtais un sari, que je me familiarisais avec autant de gens parlant hindi, que mes bras se faisaient couvrir de mehndi et que je dégustais des Dahl Makhani[10]. Alors bien sûr que j'imaginais être déjà bien initiée au pays et à ses coutumes, du moins je n'avais pas l'impression de plonger dans l'inconnu.

---
10 Plat traditionnel indien à base de lentilles noires, d'épices, de beurre et de crème.

Notre départ s'était rapidement organisé. Trois mois à peine s'étaient écoulés entre le moment où nous avions décidé de partir et notre arrivée à Mumbai. Nous étions si déterminés et convaincus de la justesse de notre entreprise que nous nous étions munis de billets « aller simple ». Le premier février, nous serions à Mumbai. Je dois admettre que nous avions une fois de plus été très optimistes par rapport au temps qu'allait prendre ce déménagement un peu particulier. Nous aurions facilement eu de quoi occuper quelques semaines de plus, mais inutile de se leurrer, notre départ se serait sans doute déroulé dans la même agitation.

Mon mari et moi nous étions répartis les différentes missions qui nous attendaient avant de partir. Nous devions, en priorité, trouver quelqu'un à qui remettre notre appartement et obtenir un visa longue durée. Les démarches ont été un vrai casse-tête et je me rappelle avoir perdu beaucoup de temps dans la réalisation d'un dossier qu'il fallait toujours plus étoffer. Raphael ainsi que nos enfants ont obtenu leur OCI : « Overseas Citizenship of India », un certificat de citoyenneté indienne ayant les caractéristiques d'un visa à vie avec entrées multiples. Ce droit était alors exclusivement réservé aux descendants indiens, mais aujourd'hui je peux moi aussi bénéficier légitimement de ce précieux privilège en tant que « conjointe de descendant indien ».

Il était également important de trouver un logement sur Mumbai. Mon mari s'était alors rendu seul sur place une semaine pour effectuer des visites. C'était le moyen le plus sûr pour nous assurer un point de chute à notre arrivée. Il m'envoyait des photos qui me donnaient une idée très limitée de l'environnement auquel se rattachaient les images qui illustraient presque toujours un volume délimité par des murs défraîchis et défigurés par de gros boîtiers de climatisation. L'exercice m'amusait plus que lui. Il était pressé par le temps puisque nous ne pouvions imaginer qu'il rentre sans que la question du logement soit en partie réglée. Nous savions que nous ne pouvions pas avoir les mêmes exigences qu'en Suisse concernant l'hygiène ou les détails de finitions. Ma mission, à distance, était simplement de réussir à me projeter dans ces lieux en faisant abstraction de leur état. Quant à Raphael, il devait principalement faire preuve de ténacité lors des tractations qui étaient aussi usuelles et banales qu'une négociation de boîte d'encens sur un marché. D'importants critères de sélection étaient couramment imposés par les propriétaires : l'attribution peut dépendre de la religion, de l'origine, de l'activité professionnelle ou de l'orientation alimentaire du locataire, mais aussi du nombre d'occupants prévus, de la présence d'enfants ou simplement l'identité du preneur de bail (entrepreneur ou privé).

Plusieurs appartements nous avaient plu mais les loyers étaient souvent trop élevés. Nous nous étions finalement mis d'accord sur un logement, au vingt-sixième étage d'une tour au plein centre de la ville. Après avoir réglé les différents points administratifs liés au bail à loyer, notre courtier indien s'était engagé à assurer le suivi de la remise en état des lieux d'ici notre arrivée. Cet appartement que nous avions choisi et qui nous avait péniblement été attribué allait être prêt à notre arrivée. Entre-temps, les enfants préparaient tranquillement leur petite valise pour partir en « vacances » en Inde, comme disait mon petit garçon - qui ne réalisait évidemment pas l'ampleur des changements qui s'opéraient autour de lui. Raphael mettait en place la relève dans son établissement, confiant l'entière responsabilité de la gestion des lieux à son associé et ami. Ce départ n'aurait pu être envisageable sans la présence et l'implication de ce partenaire durant notre absence. Nous partions donc confiants, bien que conscients du risque que nous prenions.

De mon côté je vidais notre appartement, préparais les effets personnels qui nous parviendraient par la mer et ceux que nous prendrions dans nos bagages. J'emballais aussi ce qui allait être stocké en attendant notre retour, un jour. J'étais loin d'imaginer que je commettais de graves erreurs de jugement lorsque j'avais à définir ce qui nous serait utile ou non à l'autre bout du monde.

Et puis, il faudra aussi résilier nos divers abonnements, lignes téléphoniques et autres affiliations qui faisaient de nous des citoyens helvétiques et, bien entendu, nous désinscrire de notre commune en Suisse. Pour cela nous étions contraints de fournir une adresse à Mumbai.

Puis, tout à coup arrive le moment de nous envoler. Nous partons, sans assurance, sans numéro de téléphone, sans médecin de famille, sans savoir où nos enfants iraient à l'école, sans garantie, sans mode d'emploi ni guide de survie, sans aucune idée de ce qui nous attendait… épuisés par les préparatifs, seuls et des rêves plein la tête. Quelle folie! C'est parti! Je suis alors fière de ne pas avoir craqué, d'être restée confiante malgré les doutes et les craintes que je lisais dans le regard de tout notre entourage.

La pression retombe dans l'avion, ce n'est qu'à ce moment-là que je prends réellement conscience de ce que nous sommes en train de faire et de la portée de notre décision. Je comprends également de toutes mes tripes ce qui, d'un seul coup, ne serait plus. Il avait été si facile de se défaire de tout ce qui était que j'étais loin d'imaginer à quel point il allait être difficile de «refaire», ailleurs. Nous nous trouvons au-devant de rien et de tout à la fois, c'est un sentiment étrange, presque addictif.

Mon mari et mes enfants dorment paisiblement à mes côtés, chacun ayant pris possession de l'ensemble du petit espace numéroté qui lui est attribué le temps de notre acheminement vers cette terre d'expérimentation. Pour ma part, impossible de me laisser emporter par la fatigue ni de retenir mes larmes, telle une purge intense me préparant à ma nouvelle vie. Je suis prête et impatiente d'accueillir ce que l'avenir nous réserve. Je suis heureuse. Je me sens libre.

Notre petite équipe de tournage est présente elle aussi. N'ayant rien manqué des préludes, elle est bien décidée à ne rien manquer non plus de nos premiers pas sur place. Ce voyage ne signifie pour eux que quelques jours d'immersion dans notre nouvel univers, un bref dépaysement durant lequel ils pourront capturer quelques images exclusives de notre audacieuse aventure. Nos difficultés et les rebondissements auxquels nous nous heurterons n'auront en effet aucune incidence sur leur existence, alors que pour nous, ce voyage symbolise le passage transitoire entre deux mondes, entre deux vies. Il y aurait désormais l'avant et l'après Mumbai.

Nous sommes directement et sans scrupule confrontés à une inattendue réalité. Le peu d'acquis que nous avions imaginé avoir sur place s'effondre à peine sommes-nous arrivés. Un enchaînement d'épreuves vient très vite chambouler la part la plus inaccessible de mon être, me propulsant sans mise en garde sur le chemin de ma transformation intérieure. Tant de notions perdent soudainement sens. Alors que dois-je faire de mon éthique, de mes principes, de mon rapport au temps qui passe, de mes valeurs fondamentales ?! Je me retrouve démunie de tous mes points de repère, le déracinement est total.

Les démarches pour obtenir l'appartement qui nous avait été attribué pour notre arrivée à Mumbai avaient nécessité de longues semaines de négociations et d'attente. Mais cela ne représentait qu'un avant-goût de ce qu'allait être notre peine tout au long de notre installation. Le processus auquel nous avions dû nous soumettre pour réussir à partir in extremis avec une adresse à communiquer au contrôle des habitants de notre commune avait été un énorme stress. Nous n'aurions pu nous en aller sans une attestation de départ qui ne pouvait nous être délivrée qu'en échange de nos nouvelles coordonnées. Nous étions heureux que tout ait pu s'harmoniser à la dernière minute, une chance que nous imaginions être le terme des préoccupations liées à notre nouveau logement. Mais ma déception lors de son acquisition est malheureusement à la hauteur de ma réjouissance. La porte n'a pas été rouverte depuis la visite de mon mari deux mois plus tôt. Les murs sont gorgés d'humidité et la cuisine, qui ne tient plus debout, est dans un état d'insalubrité effarante. Il est difficilement envisageable d'y poser nos valises. Tous nos efforts se trouvent anéantis. L'investissement en temps et en argent pour arriver à cet aboutissement nous paraît être un échec, un retour à zéro. C'est notre première désillusion. Je suis en colère contre l'homme qui s'était engagé à remettre en état l'ensemble de l'appartement pour notre arrivée. Et très remontée contre le courtier que nous avions mandaté et qui avait pour mission de s'assurer que le travail soit réalisé.

Mon anglais, alors d'un piètre niveau, m'empêchera d'exprimer librement aux personnes concernées ma rancœur, mon désaccord ou encore de faire preuve de pertinence pour les confronter à leurs erreurs. Effectivement, le vocabulaire adéquat pour un discours spontané durant ce genre d'échange nécessite un jargon qui m'était alors encore inconnu en dehors de ma langue maternelle. Il en était certainement mieux ainsi. Je comprends rapidement que mes interventions verbales auraient de toute manière eu peu d'impact et qu'il allait être préférable, du moins à notre avantage, d'adopter la politique locale. Celle-ci impliquait que dans certains contextes, en tant que femme, je doive me résigner à rester en dehors des discussions. Tout ceci m'enferme dans un insoutenable mutisme qui décuple mes frustrations. Mes sentiments refoulés déclenchent un besoin de griffonner toutes sortes de réflexions, anecdotes et témoignages. Mon journal de bord prend rapidement l'allure d'une encyclopédie. Ces premiers écrits me seront bénéfiques et libérateurs, en plus de l'empreinte qu'ils laisseront de notre parcours.

Au lendemain de notre arrivée, nous renonçons alors au seul élément qui nous permettait de débuter notre nouvelle vie. Un minimum de confort et de sécurité constituait une base essentielle pour la suite. Nous relançons le processus de visites d'appartements, conscients de toutes les exigences auxquelles nous allions devoir correspondre. Nous savons également à quoi nous attendre en termes d'organisation et d'administration. Nous ne regretterons cependant jamais d'avoir renoncé à ce premier appartement, le chantier que sa remise en état nécessitait aurait été d'une ampleur inimaginable. Nous en aurons un aperçu quelques mois plus tard lors de petits travaux à domicile qui prendront une dimension épouvantable. Les ouvriers ponceront, scieront et peindront sans protection à l'intérieur de notre logement, au milieu de tous nos effets personnels. Plusieurs jours seront nécessaires pour venir à bout du nettoyage de chaque recoin de l'appartement qui s'était retrouvé enseveli sous une épaisse couche de poussière de bois et de peinture.

Sans domicile, nous sommes donc contraints à séjourner à l'hôtel le temps de trouver où nous installer. Cette réalité n'a rien de désagréable en soi, mais les circonstances et l'organisation que cela implique deviennent rapidement une charge supplémentaire. Durant vingt-deux jours, nous fréquentons cinq établissements différents. La plupart sont dans l'incapacité de nous fournir des lits pour enfants, ou de nous garantir une éventuelle prolongation de séjour. Nous partageons tous les quatre le même matelas à chacune de ces étapes, tentant de laisser le maximum d'espace et de confort à celui d'entre nous qui, à tour de rôle, tombait malade. Car évidemment, le changement de nourriture et de climat, ainsi que l'air conditionné, la pollution et notre mode de vie « nomade » qui nous forcent à manger et boire « sur le pouce » là où nos recherches nous mènent, constituent un premier défi important infligé à notre système immunitaire. Les chances que nous avions de traverser cette période d'acclimatation indemnes étaient aussi faibles que de survivre à une partie de roulette russe. Nous ne sommes hélas pas épargnés et succombons à de virulents troubles intestinaux. Nous ferons également l'expérience de fièvres les plus violentes de notre existence. Notre corps est mis à rude épreuve, mais nous plaisantons sur le fait qu'ainsi les anticorps seraient faits ! Les frais médicaux seront réguliers mais peu onéreux, puisqu'un traitement antibiotique nous coûtait entre un et trois euros, et une visite chez le docteur, en moyenne huit euros. Nous n'avons jamais contracté d'assurance maladie, pourtant consciente qu'il était imprudent de jouer ainsi avec le feu.

À notre arrivée, nous n'avons que nos quatre valises et quelques bagages à main. Durant cette période, de nombreux étrangers se trouvent en ville pour une convention dans le milieu informatique. Il est difficile de trouver des adresses où loger, toutes sont prises d'assaut. Lors de nos premiers déplacements, nous circulons plutôt « léger » mais nos derniers transferts d'hôtels prendront une tout autre envergure : à nos effets personnels sont venus s'ajouter, petit à petit, une vingtaine de sacs et cartons contenant le nécessaire indispensable à notre installation, que nous croyions chaque jour imminente… Deux gros véhicules seront nécessaires pour réaliser notre ultime déplacement jusqu'à notre logement définitif : la tour C du complexe « Lodha Bellissimo » implanté dans le quartier de Mahalaxmi, au plein cœur de la ville.

Si nous n'avions pas envisagé l'éventualité de devoir consacrer notre premier mois à Mumbai à visiter des dizaines d'appartements avec les enfants sous le bras, nous savions que nous serions amenés à parcourir tous les quartiers de la ville pour dénicher le mobilier, l'électroménager ainsi que tout l'essentiel à notre installation. La priorité étant de trouver des lits et des matelas, je comprends très vite que chaque élément à résoudre, chaque démarche dans cet époustouflant capharnaüm organisé aurait son poids dans la balance des difficultés. RIEN en Inde ne se fait simplement. En revanche, TOUT est possible. Les Indiens ne se mettent aucune limite et regorgent d'idées, d'ingéniosité et de solutions. Cela nous apprend la patience et l'ouverture d'esprit.

J'ai parfois l'impression de parcourir la ville comme s'il s'agit d'une chasse au trésor expresse. Je me retrouve dans des endroits improbables, totalement déboussolée. Je n'ai, durant plusieurs semaines, aucune vision globale de l'espace. Il nous faudra du temps pour arriver au bout de notre emménagement, mais grâce aux heures passées à sillonner la cité et à enjamber les interminables trottoirs recouverts d'échoppes de toutes sortes, je découvre d'insoupçonnables merveilles, des gens magnifiques et des endroits extraordinaires. Je savoure chaque découverte en retrait des grandes avenues, là où seuls les autochtones et les touristes les plus téméraires osent s'aventurer. Je pénètre chaque jour un peu plus profondément dans les entrailles de la métropole, chaque entreprise devient un voyage. Je circule prudemment mais avec beaucoup d'indépendance.

Il m'arrivera quelques mésaventures avec des chauffeurs de taxi.

La plus marquante restera cette grosse frayeur avec un jeune homme qui n'avait pas apprécié que je manifeste mon étonnement face à son compteur qui s'était déchaîné à peine avions-nous démarré. Il s'était arrêté en bordure de chemin de fer et avait essayé de me « décharger » violemment, malgré la présence de ma petite fille qui s'était endormie, sa tête sur mes genoux. J'avais dû faire mine de capituler et lui promettre de payer l'intégralité du montant demandé une fois arrivée à bon port. Ce pauvre fou n'avait pas envisagé que je puisse avertir par message mon mari qui, accompagné de plusieurs membres de la sécurité de notre immeuble, nous attendait, inquiet et très remonté…

Nous vivions une aventure en marge des autres expatriés pour qui les démarches d'insertion sont souvent prises en charge. La plupart d'entre eux semblent intégrer une structure existante. Accueillis, encadrés et judicieusement conseillés dès leur arrivée par des personnes qui leur ouvrent les portes essentielles à leur nouvelle vie, ils bénéficient du confort et du réconfort nécessaires pour leur permettre de se concentrer exclusivement sur leur mission. En plus d'être rassurant, cet encadrement leur permet d'être rapidement productifs et de gagner un temps précieux.

Alors certes, de par notre entière indépendance, du temps nous avons perdu. Mais l'énergie investie pour nous construire à partir de rien nous a ouvert de nombreuses portes, ajoutant une part d'« extraordinaire » à notre aventure.

Avant notre installation définitive, nous étions tombés sous le charme d'un autre appartement situé plus en hauteur dans le même bâtiment. Il avait la particularité de compter deux grandes terrasses en annexe, d'offrir une ouverture panoramique sur le monumental hippodrome situé à quelques centaines de mètres de l'immeuble et de surplomber une bonne partie de la ville. En supplément, nous y avions découvert une vue imprenable sur la mer d'Arabie. Les négociations avaient pris quelques jours pour aboutir à un engagement verbal, accompagné d'une poignée de main avec le propriétaire qui s'engageait à nous remettre les clés de l'appartement sous cinq jours. C'était le délai dont ils avaient besoin pour « préparer la partie administrative ». Nous devrons changer deux fois d'hôtel dans l'intervalle, mais la joie que j'éprouvais à l'idée de pouvoir enfin définitivement nous poser me donnait le courage de surmonter la fatigue accumulée depuis des semaines. En parallèle, nous poursuivions sans relâche nos recherches de mobilier. Nous avons exploré tous les quartiers de la ville, sans hésiter à nous rendre dans la périphérie située à des heures de route de nos lieux de résidence. Grâce à des visites improvisées d'expositions et autres foires d'ameublement que nous découvrions sur notre route, nous ferons réaliser des canapés sur mesure et surtout, nous dénicherons une entreprise chez qui commander des matelas neufs, livrés dans leur emballage d'origine. Il est vrai que détail de l'« emballage » à lui seul nous avait donné l'impression d'avoir réussi une mission importante. Nous étions soulagés de pouvoir enfin communiquer une adresse de livraison à toutes les personnes chez qui nous avions laissé notre marchandise trop volumineuse pour imaginer nous la faire livrer dans notre chambre d'hôtel.

Mais l'impensable se produit : le propriétaire se rétracte. Nous sommes avertis la veille de notre emménagement qu'il mettait son logement à disposition d'un prétendu cousin qui arrivait subitement des États-Unis. Le traître ! Il nous avait donné sa parole… mais il n'y a rien à faire, rien d'autre qu'apprendre à accepter ce que l'on ne peut changer. Nous sommes impuissants, encore. C'est un sentiment nouveau qui s'acharne et ne cesse de nous prendre au dépourvu. Notre courtier, lui, ne semble pas autrement surpris. Pour nous, tout s'écroule. Le club dans lequel nous séjournons est complet à partir du lendemain, nous devons quitter les lieux et, une fois encore, repartir de rien. Mon mari vient de récupérer une valise de plus de soixante kilos qu'il avait laissée chez une tante lors de son voyage de prospection quelques mois plus tôt. Nous sommes chargés à saturation. Nous refermerons nos valises, collecterons nos sacs et laisserons notre chambre aux suivants. Nous voilà épuisés, déçus et découragés. Nous annulons les livraisons prévues à notre nouvelle adresse sans pouvoir formuler de délai. La situation devient extrêmement tendue. Seuls nos braves enfants demeurent imperturbables, trottant derrière nous sans broncher, occupés à prendre soin de leur petite valise remplie de trésors personnels. Ils ne comprennent pas vraiment ce qui se passe à nouveau et ne sont pas mécontents de repartir à l'aventure.

Nous découvrirons au moment de quitter l'hôtel que notre courtier n'avait jamais remis nos papiers officiels au propriétaire de cet appartement qui vient de nous être destitué. Il me devient insupportable de saisir à quel point nous sommes vulnérables et manipulables. Je suis profondément blessée. Je m'accroche alors à ce que je peux et me répète autant que nécessaire que « rien n'arrive par hasard ». Or je sais déjà que je n'adhérerai pas à ce fonctionnement déloyal, ni par la force ni par l'usure. Nous ne nous alignerons jamais à ce genre de conduite, et cela impliquerait fatalement que nous serions sans cesse menés à entrer en guerre. Mais qu'il en soit ainsi!

Je reste imprégnée plusieurs jours d'une profonde colère à l'encontre de ces hommes à qui nous avions malheureusement eu affaire et qui, du haut de mon indignation et de mon formatage très helvétique, semblaient démunis d'honneur. Oui, une poignée de main ça compte, et une parole donnée ne se remplace pas.

Ma révolte était liée à notre état d'impuissance, insupportable faiblesse! Quelle frustration ressentais-je dans l'ombre, au pied de ce mur infranchissable qui me coupait de ces interlocuteurs auprès desquels je n'avais définitivement pas ma place. J'avais besoin d'évacuer ma rancœur mais je devrai me résoudre à ravaler sagement chaque mot qui me vient en bouche : leur digestion s'avèrera nocive. À ce moment précis, je me sens perdre le contrôle. Je me retrouve momentanément vidée du peu de volonté et de positivité qu'il me restait. La fatigue émotionnelle rejoint l'épuisement physique. L'accumulation de tensions ne fait qu'augmenter : le déménagement, le voyage, les nombreuses heures de visites d'appartements, les interminables séquences de tournage, les diverses acclimatations, l'agitation ambiante, le stress ainsi que l'adaptation de notre système immunitaire et l'attention permanente que demandent nos enfants deviennent à peine supportables. Cependant, nous n'avons d'autre alternative que d'aller de l'avant et nous remettre dans de bonnes vibrations pour ne pas déstabiliser les petits ou perdre plus de temps sans logement.

Puis, soudainement, tout s'accélère grâce à une femme extraordinaire, avec qui les échanges seront immédiatement sains et privilégiés. Elle nous mettra à disposition l'appartement que nous occuperons durant nos trois années passées à Mumbai. Le loyer est certes élevé, mais attractif par rapport aux autres biens à louer de qualité égale. Elle a la gentillesse de nous recevoir dans sa « guest house » le temps que nous puissions intégrer notre complexe qui abritait plusieurs diplomates et autres personnalités (ce qui explique peut-être, en partie, le protocole administratif auquel nous aurons à nous soumettre une seconde fois). Quelques jours plus tard, nous emménagerons enfin.

Nous garderons de précieux rapports de confiance avec notre propriétaire, une femme de tête et de poigne que j'admire énormément, une femme d'affaires charismatique, forte et douce à la fois. Sans raison particulière, elle semblait nous avoir pris sous son aile, faisant son possible pour nous épargner d'inutiles nuisances, comme poussée par un instinct maternel. Quel soulagement de pouvoir enfin nous installer, créer ce nouveau « chez nous ».

Nous vivrons en mode « camping » quelque temps, sans table ni chaise, sans frigo ni gaz pour alimenter la cuisinière, sans système d'approvisionnement en eau potable, sans rideau ni lit… mais nous étions chez nous. Nous mangions assis par terre dans notre grand salon encore immaculé et désert, nous dormions provisoirement sur des nattes que nous avions achetées dans la rue dans des conditions d'hygiène déplorables. J'étais persuadée que le rembourrage abritait toutes sortes de microvisiteurs, mais c'était toujours mieux que de dormir à même le sol. Et puis, tout le monde là-bas, ou presque, dort sur des nattes qui ont traîné sur un trottoir.

Nous passions de longues soirées à nous éclairer à la bougie durant les coupures d'électricité qui étaient fréquentes à cette période. Nous en profitions pour observer discrètement les ouvriers qui nous observaient en retour sans complexe depuis leurs rambardes. Jour et nuit, ils étaient des centaines à travailler et à déambuler sur le chantier dressé en face de chez nous. Le sommet de l'édifice en construction arrivait à l'époque exactement à hauteur de notre sixième étage, à quelques mètres seulement de nos balcons. Mon fils était émerveillé lorsqu'il regardait par sa fenêtre de chambre. Quelle chance pensait-il avoir de bénéficier d'une vue donnant à la fois sur un gigantesque chantier, une grue et sur des rails de chemin de fer. Cette appréciation en était touchante. Preuve que la perception de plaisir et de nuisance dépend des yeux et du cœur de chacun.

L'intérieur prenait gentiment forme. Il ne ressemblait en rien à l'ambiance indocontemporaine que j'avais visualisée comme allant devenir notre nouvel écrin (j'étais visiblement déjà en pleine transition au moment de nos achats que nous imaginions alors, sans aucun doute, être un investissement durable). Notre logement était toutefois un précieux havre de paix. Un refuge qu'il faisait bon retrouver après de chaudes journées passées dans la folle agitation qui régnait de toute part à l'extérieur des murs sécurisés de notre complexe immobilier.

Nous avions choisi cet endroit dans le but d'offrir à nos enfants de l'espace et de la sécurité. Le beau et grand jardin situé en contrebas de notre tour symbolisait la liberté qu'ils n'avaient plus - nulle part ailleurs - dans la ville. Nous avions décidé de ne pas faire de compromis face à cet aspect de leur qualité de vie. Il était très agréable de bénéficier des nombreux privilèges qu'offraient les lieux : celui de pouvoir profiter de la piscine toute l'année en était l'un d'eux, et ce de manière souvent exclusive malgré les presque trois-cents appartements que comprenait notre lotissement. Nous en jouissions durant les heures les plus ensoleillées, sans craindre d'exposer nos peaux au soleil, contrairement aux autres résidents qui privilégiaient les bains de fin de journée, emmaillotés dans des combinaisons intégrales. Ils se trouvaient assez « bruns » comme ça et pouvaient parfois manifester un certain complexe lié à la couleur de leur peau, alors qu'ils dévisageaient la mienne, que j'aurais pourtant volontiers échangée contre celle de n'importe quelle Indienne.

Notre lieu de vie détenait à lui seul plus d'infrastructures que la plupart des villages qui m'étaient familiers en Suisse. L'ensemble des habitants avait accès à un spa, un salon de coiffure, un magasin, une salle de sport, un court de tennis, un restaurant, une blanchisserie, une salle de banquet, deux places de jeux et plusieurs espaces intérieurs climatisés dédiés aux jeunes. Diverses activités et cours étaient organisés chaque semaine. Petits et grands pouvaient apprendre à nager, avoir un professeur de sport personnel, faire du cricket, de la gymnastique, jouer au football, faire du yoga, du roller, du dessin, découvrir une langue étrangère ou faire de la musique. Tout était à disposition de qui voulait s'offrir une distraction ou occuper sa progéniture hors de la maison après les longues journées scolaires. La suroccupation des enfants était effectivement un effet de mode, un style de vie qui semblait parfois donner bonne conscience à certaines mamans appartenant aux milieux sociaux élevés. J'étais stupéfaite de constater à quel point elles pouvaient être inspirées pour organiser la vie de ces petits êtres qui n'avaient, pour certain, pas assez de temps libre pour bénéficier des bienfaits que peuvent procurer des instants de calme ou d'ennui. La diversité de connaissances et de plaisirs à laquelle ils avaient accès semblait permettre à ces mêmes mamans de se soustraire aux corvées d'apprentissage et de stimulation qui ne paraissaient pas faire partie de leur engagement maternel.

L'espace dont nous bénéficions ainsi que les nombreuses ressources qu'offrait notre résidence avaient été des critères décisifs lors de la sélection de notre lieu d'habitation, malgré son quartier peu attractif. Une importante prison, une immense laverie à ciel ouvert et de vieilles ruines d'une usine de coton rendaient les alentours difficilement praticables. De plus, des rails de chemin de fer, situés juste derrière notre tour, nous séparaient du bord de mer que nous pouvions apercevoir de nos fenêtres au travers d'un chantier colossal placé en vis-à-vis. Effectivement, l'une des plus hautes tours de la ville était en train de sortir de terre.

D'autres secteurs nous auraient plu davantage, tant pour leur environnement, leur accès au bord de mer, leur calme et leur architecture que pour la richesse des lieux de rencontre que possèdent certaines ruelles ombragées où se succèdent de charmants petits restaurants, galeries, boutiques, cafés et espaces accueillants. Un autre critère majeur allait venir trancher nos réflexions : sa situation géographique. Les axes routiers étant perpétuellement surchargés, cette résidence était idéalement située entre deux zones dans lesquels nous prévoyions de nous implanter et que nous affectionnions particulièrement : Bandra, au nord, et Colaba, au sud. Nous allions ainsi gagner un temps précieux si nous n'avions pas à traverser toute la ville pour rejoindre notre hypothétique futur lieu de travail.

Une fois nos galères de logement terminées, il deviendra urgent d'entreprendre différentes démarches professionnelles. Très vite nous nous confrontons à une tout autre notion du temps. Chaque journée qui n'est pas optimisée porte cette lourde étiquette de « chance de perdue » de prolonger notre aventure, un pas de plus vers la porte de sortie de ce rêve éveillé.

La scolarisation de notre fils qui est en âge de fréquenter un jardin d'enfants devient également une priorité. Nous estimons important qu'il intègre une dynamique sociale et qu'il prenne part à l'instruction locale. Sa petite sœur, alors trop petite pour entrer dans un quelconque système éducatif, s'imprégnera un temps de notre nouveau mode de vie, déjà, à lui tout seul, suffisamment instructif.

Nous trouvons rapidement une école en bord de mer dans le quartier de Worli. Pour je ne sais quelle raison, cette initiative sera la seule démarche durant tout notre séjour qui aboutira de manière simple et rapide. La directrice, juriste de formation, sera la seconde femme extrêmement charismatique que j'aurai la chance de côtoyer parmi le peuple indien. Elle gère sa petite équipe avec calme et fermeté, fait preuve d'une grande discipline dans son travail et détient un agréable sens de l'humour auquel j'aime riposter. Cette initiation à l'enseignement indien devient un moyen efficace de nous plonger au cœur des us et coutumes du pays et nous fait rapidement assimiler des notions intéressantes sur son système éducatif.

Nous trouvons finalement nos marques. Nous commençons même par adopter quelques habitudes qui nous donnent l'agréable impression de toucher à un brin de stabilité. Les bases étant posées nous pouvons recommencer à vivre « normalement ». La suite de nos effets personnels nous est livrée après plus de deux mois de voyage et un long séjour en douane pour un contrôle minutieux de son contenu. Son arrivée est un grand moment, un jour de fête. Nous attendions impatiemment certains objets ainsi que les jouets des enfants. Quant au reste, nous le déballerons avec beaucoup de réflexions et d'amusement. En redécouvrant l'intérieur des cartons, nous savons déjà ce qui nous sera utile et ce qui repartira directement pour la Suisse lors de notre prochaine visite au pays. Ayant pris conscience des multiples nuisances que pouvait générer notre nouvel environnement, nous décidons alors d'épargner tout objet superflu.

Nous regretterons certaines choses pratiques ou sanitaires que nous n'avions pas pensé à emporter, mais nos visiteurs occasionnels se chargeront généralement de nous apporter ce dont nous avons vraiment besoin. Nous nous réapprovisionnons du nécessaire manquant lors de nos retours en Suisse. Nous repartons à chaque fois chargés au maximum. Nos bagages, au contenu très hétéroclite, sont remplis d'objets utiles et de petits plaisirs que nous apprécions différemment une fois de retour sur sol indien. Je dédie également toujours un petit espace à quelques pièces de ma garde-robe qui souffre de mon absence. Nous consommons alors avec parcimonie les denrées rares que nous rapatrions afin qu'elles durent, savourant ces petits riens devenus si précieux alors qu'ils n'étaient jadis que banalités. J'adore défaire nos valises lorsque nous réintégrons nos quartiers du sixième étage, après les longs et épuisants voyages qui marquent physiquement la distance avec nos familles et amis. En général, les enfants et mon mari s'écroulent dès notre arrivée pour contrer le décalage horaire. Je savoure alors l'intensité de ces précieuses heures seule. Perméable à toutes sortes de détails, de sensations, je redécouvre comme au premier jour les odeurs auxquelles je me suis finalement habituée et que mon odorat « acclimaté » ne me permet même plus de distinguer. J'aime me réattribuer notre espace de vie habité par une chaleur et une humidité parfois étouffantes, cela me donne l'impression d'être propulsée en apesanteur et de planer sous l'effet d'une forte dose de sérotonine. Je suis heureuse.

Ces « trésors » que nous ramenons sont réservés à des usages bien précis, ils rythment nos allées et venues et nous offrent au quotidien des bouffées d'air du pays. Une capsule introduite dans notre machine à café, une tranche de tresse maison recouverte de notre miel blanc préféré ou encore une sauce à salade réalisée avec ma panoplie de condiments importés sont autant de petits gestes qui nous connectent joyeusement à nos anciennes habitudes. Les tisanes aux feuilles d'ortie qui m'aident à combattre des infections urinaires multirécidivistes ou notre miraculeux sirop contre la toux aux plantes appartiennent elles aussi à la liste des produits consommés avec grande régularité. Je m'assurais d'en avoir toujours un stock suffisant. Le chocolat est également utilisé au compte-gouttes, à titre curatif, lors de détresse psychologique. Même si la plus grande partie de nos provisions finit sur la table de nos hôtes lorsque nous sommes invités.

C'est agréable de sentir que nous commençons à nous familiariser avec notre environnement. Mes pas adoptent la cadence locale, celle qui murmure qu'on a le temps. Parce qu'en Inde, on sait prendre le temps. Nous vivons dans cette dualité permanente : être dans l'urgence de nous réaliser tout en apprenant à prendre le temps. Le stress, la ponctualité et les horaires perdent de leur sens, faisant place à la spontanéité et à l'écoute des battements de notre propre rythme. « Prendre le temps » est un exercice aussi délicieux que déstabilisant, mais il contribuera grandement à mon chemin d'ancrage dans le présent. Cependant, seule une stabilité professionnelle nous permettra de relâcher la pression et nous savons que nous ne bénéficierons que d'un seul tour de sablier. Il faut en faire bon usage.

J'ai mis du temps à me rendre compte que je passais le plus clair de mon temps à me préparer à vivre, plutôt que vivre l'instant. D'abord produire, puis profiter des plaisirs, ce vieux fantôme continuait de sévir ! Accepter les cadeaux que l'univers nous offre ici et maintenant et expérimenter au maximum ce qui a du sens devait devenir mon credo. Apprendre à simplement être, sans détour ni condition, sans remettre à plus tard le bonheur. Et me défaire de ce mécanisme automatique de culpabilité qui se déclenchait en moi lorsqu'il était question de m'amuser, comme s'il s'agissait d'instants volés.

L'ensemble de mes escapades sera néanmoins fort en vibrations. J'aime partir seule et flâner dans les ruelles. Le dynamisme qui émane des lieux publics est particulier, tous mes sens se retrouvent sollicités. Je me laisse alors guider par ce que mes yeux scannent en mode accéléré, tels des radars ayant la mission de flasher toute merveille noyée parmi les milliers d'objets entreposés par des commerçants aussi ingénieux qu'ambitieux. Chacun a son espace, son ambiance, sa touche personnelle et sa technique marketing pour se démarquer du voisin qui, très probablement, propose des produits similaires. Tous semblent gérer leur étroite concurrence comme une force, une synergie, plutôt que de se préoccuper du rival et perdre de vue ses propres objectifs.

Je suis inlassablement attirée par les marchés aux tissus qui sont, comme partout ailleurs dans la métropole, saturés de gens, de couleurs, de bruits et d'odeurs. Je repère très rapidement quels seront les stands qui deviendront ma zone d'approvisionnement. Je connais en détail les allées de Mangaldas Market, un immense marché situé au sud de la ville. Dépourvu d'aération et fractionné en étroites ruelles pavées, il est un paradis pour les passionnés de textile. Aucune femme à la vente, encore un milieu réservé à la gent masculine. Les variantes de styles et de matières semblent illimitées, et si une référence vient à manquer, il y a toujours un jeune homme qui se débrouille pour aller chercher quelque part - en un temps record - le rouleau d'étoffe qui fera la différence. Toute occasion étant bonne pour boire le thé, je me retrouve souvent assise aux côtés d'un commerçant en train de savourer un Masala Chai bien sucré, servi dans de petits verres qui, je le soupçonne parfois, devaient avoir été, à l'origine, transparents. J'aime cet instant de transition pendant lequel je devine que mon interlocuteur va m'offrir ce délicieux breuvage. Cette simple tasse de thé marque un temps mort, chacun retire son déguisement et devient l'égal de celui ou celle que la vie met sur son chemin. Chacun dépose ses armes de négociateur : on se regarde différemment, on avale son thé brûlant malgré la chaleur ambiante, on se pose des questions plus personnelles, avec simplicité et égard. C'est vraiment un moment à part, une brèche dans le temps. Et puis chacun reprend son « rôle » et l'affaire se conclut, ou pas. À force de visites, j'ai mon réseau. J'échange tacitement ma fidélité contre des transactions qui me paraissent honnêtes, mais surtout contre une attention particulière liée à ma sécurité : gare à celui qui ne respecte pas le client de l'ami d'un ami ! Cela n'a pas de prix et les bruits circulent vite.

Lorsque je me sens à l'aise dans un certain périmètre, plus rien ne peut m'arrêter. Même pas l'idée de grimper seule au sommet d'une échelle pour découvrir de petites galeries de tissus haut perchées. Ce n'était certainement pas très prudent, mais plus fortes étaient mon insatiabilité et ma curiosité une fois lancée dans un élan d'inspiration. Je ne cesse de faire confiance à mon instinct même s'il me joue parfois des tours. Ces expériences sont d'une grande authenticité, j'en garde un souvenir extraordinaire. Chacune de mes intrusions dans cet univers prend une tournure amusante et me fait perdre toute notion de temps et de raison. Elles éveillent en moi des désirs de création et d'incessantes idées pour entreprendre du commerce. Ce milieu du textile me passionne. J'ai quelques outils pour me lancer dans une activité que j'imagine florissante en Europe. Je fais réaliser plusieurs petites collections de pantalons inspirés d'un modèle que j'ai beaucoup porté et qui faisait toujours grand effet auprès des femmes indiennes ou européennes que je côtoyais. Je les vends par le biais du bouche-à-oreille et lors de pop-up sur Mumbai, ou encore dans notre établissement en Suisse lors de nos séjours. À force de rencontres et de visites dans des milieux professionnels, j'ai également l'occasion de superviser et mener à terme la réalisation d'une importante commande de pantalons pour une boutique de vêtements qui m'avait mandatée. Le résultat est grandiose, je serai très heureuse des produits finis et c'est avec fierté que je validerai leur acheminement vers la Suisse. J'assume à nouveau seule l'entière responsabilité de chaque étape de production, mais le rapport temps investi et rentabilité est insensé. L'entreprise avec laquelle je réalise ce projet est de loin la plus professionnelle et méticuleuse que j'aie approchée. Elle a l'habitude de travailler avec des clients installés en Europe, mais cela n'empêche pas que ma place d'intermédiaire entre les exigences de mon client et celles de mes exécutifs soit délicate et usante. Après avoir été confrontée à la réalité de la chaîne de fabrication, je dois me faire une raison et accepter qu'il soit impossible de faire cavalier seul. Savoir déléguer les tâches jugées insignifiantes fait sans doute la réussite des bons entrepreneurs et représente la source principale de l'optimisation de leur temps. Je me suis énormément essoufflée, mais quel enrichissant apprentissage !

L'apprentissage sera enrichissant mais les difficultés auxquelles je me confronte viendront successivement freiner mes rêves et mon ambition. De plus, je dois agir avec prudence puisque nous avons un objectif pour lequel nous réservons nos efforts et nos ressources financières. Nous ne pouvons nous permettre d'investir beaucoup de moyens dans une activité qui nourrisse essentiellement ma passion pour le textile et mon incessante volonté de partager mes découvertes avec le reste du monde. Les opportunités sont nombreuses, cependant tout ce que j'entreprends depuis Mumbai aura principalement une dimension ludique, du moins de petite envergure. Il me tiendra tout de même à cœur de ne pas rentrer les mains vides et de garder un lien avec ce pays qui regorge de richesses artisanales. Je consacrerai mes derniers mois à Mumbai à la mise en place d'une collaboration avec un Indien originaire de l'État montagneux du Cachemire, au nord de l'Inde. Lui et mon mari jouent ensemble au foot plusieurs fois par semaine et sont devenus amis. C'est lui qui me fait découvrir les subtilités des différents lainages de sa région. Certaines qualités sont exceptionnelles et les variations de teintes extraordinaires. J'apprécie sa toute petite boutique dans laquelle je peux passer des heures à toucher, examiner et essayer d'innombrables châles, tous plus beaux les uns que les autres. Je ne sais plus où donner de la tête lorsque je dois choisir des cadeaux à rapporter en Suisse, ou, de temps en temps, m'offrir une pièce merveilleuse à ajouter à ma petite collection. Les histoires que le patriarche de la maison me conte autour de ces précieux lainages me fascinent. Il me fait parfois, aussi, mourir de rire. Me vient alors l'envie d'une collaboration. Après quelques réflexions et de longues négociations, nous trouvons un terrain d'entente pour qu'il m'approvisionne en foulards réalisés dans des formats bien spécifiques, pouvant être teints dans des nuances de couleurs infinies. C'est ainsi que débute la belle aventure du Carré Cachemire, ma ligne personnelle d'écharpes réalisées à partir de cette fibre d'or. J'ai bien conscience de la chance qui s'offre à moi de pouvoir travailler cet accessoire intemporel de manière presque exclusive, car l'écharpe traditionnelle en Cachemire n'a rien de novateur. Ce format carré apporte, à mes yeux, une silhouette incomparable. C'est une magnifique opportunité. Je veille à créer, autour de mes produits, une identité visuelle qui allie authenticité et qualité, avec une note contemporaine. Je les imagine devenir une « vitrine de l'Inde moderne ». Ce nouveau concept portera le nom Sanjaya - union des prénoms de mes deux enfants Sanjay & Jaya - dont la signification en hindi est « victoire ». Une fois de retour en Suisse, je crée un site internet comme principal canal de diffusion pour ces belles créations.

Si de mon côté j'ai la chance de consacrer un peu de mon énergie à des projets qui m'animent, et de recevoir tout de même quelques satisfactions, Raphael dirige notre principal cheval de bataille qui s'entête à lui résister… Jamais ils ne franchiront la ligne d'arrivée.

Lorsque, très vite, les démarches liées à notre intention d'ouvrir un « Chalet Suisse » au cœur de Mumbai sont interrompues, nous essayons d'utiliser ce contretemps comme une opportunité de remédier à notre préoccupation concernant le coût élevé du transport lors d'importation de marchandises. Nous décidons alors de contacter de grandes enseignes de vente de produits alimentaires, ainsi que d'importants distributeurs de nourriture implantés en Inde. Notre but étant de pouvoir effectuer des commandes plus conséquentes de fromage et de chocolat - principalement - dans lesquelles auraient aisément pu être inclus nos besoins d'approvisionnement pour le restaurant. Mon mari trouve rapidement des infrastructures intéressées par ce marché qui, à elles seules, garantiraient un flux important de commandes. Il déniche un local réfrigéré pour stocker les futurs produits qu'il fait déguster à ses clients potentiels sous forme de petits échantillons. Pour ouvrir ce nouveau restaurant, il est impératif que nous puissions importer nos matières premières ainsi que des denrées traditionnelles suisses, or une nouvelle application de loi relative aux conditions d'importation de produits consommables des pays étrangers vers l'Inde suffira à court-circuiter l'intégralité de notre plan.

Ce malheureux imprévu sera le point de départ de notre long périple professionnel et conditionnera toute notre histoire. À aucun moment nous ne renonçons à notre projet, loin d'imaginer qu'il demeurera inaccessible. Nous sommes continuellement convaincus de ne devoir gérer qu'une phase intermédiaire durant laquelle générer une source de revenus provisoire en attendant de pouvoir matérialiser notre concept gastronomique. Effectivement, nous ne pouvons risquer de voir dépérir nos containers de nourriture bloqués à des températures inadéquates durant plusieurs mois en zone douanière ou ailleurs, sous prétexte que les emballages ne sont pas conformes aux nouvelles exigences. Nous entendrons des histoires dramatiques à ce sujet.

Tout au long de cette interminable période, de nombreuses opportunités se présentent. Nous sommes ouverts à toute nouvelle activité, quel que soit l'univers auquel elle fasse référence. Très vite nous nous créons un vaste carnet d'adresses et d'idées.

Nos découvertes sont d'une étrange diversité. Un matin je visite des manufactures de vêtements en cuir dans les profondeurs d'un bidonville où je découvre l'inimaginable univers des tanneurs. Les peaux sacrées nécessitent un long processus pour passer du stade d'épaves nauséabondes recouvertes de sel et séchant au soleil à celui de pièces aux teintes étourdissantes destinées à la haute couture. Un autre jour quelqu'un m'introduit auprès de marchands de pierres semi-précieuses ou de vêtements « fin de série » collectés un peu partout dans le monde avant d'être remis sur le circuit local à des prix dérisoires. Ces instants sont délicieux, j'ai l'impression de pouvoir extraire de tout lieu et de toute chose une opportunité commerciale. J'aurai également la chance de visiter différents ateliers où sont fabriqués les bijoux fantaisie inspirés des tendances actuelles proposés dans de nombreuses échoppes de la métropole. Et lorsque tous mes jokers sont épuisés, que plus personne ne peut m'introduire dans ces univers difficilement accessibles, je pars simplement me laisser inspirer dans des quartiers entièrement dédiés aux créateurs. Ma plus belle découverte reste cette petite usine située au nord de la ville, spécialisée dans la confection de vêtements dont la ligne peut être aussi séculaire que contemporaine. Plusieurs salles s'imbriquent les unes dans autres et chacune d'elles est le berceau de réalisations spécifiques. Dans un espace plus en retrait, je suis subjuguée par le travail manuel qu'exercent des femmes assises autour de grandes tables carrées. Avec une délicatesse presque poétique, elles réalisent des broderies et autres minutieux travaux de perles sur des châles et des plaids numérotés pour une grande maison de couture européenne. Ces créations sont des pièces d'art. D'une précision irréprochable, elles nécessitent de longues heures de dur labeur de la part de ces artistes qui pratiquent leur précieux savoir-faire avec calme et dextérité. Imperturbables, certaines d'entre elles se montrent si concentrées qu'elles semblent s'être « absentées », l'esprit ailleurs. D'autres me sourient avec grande tendresse… elles me touchent. C'est dans ces locaux que j'aurai la chance de faire réaliser mes propres productions.

Chaque visite a quelque chose d'extraordinaire et d'insolite. La réaffectation de certains entrepôts et vieilles bâtisses est souvent inimaginable de l'extérieur. Nous ne pouvons deviner la présence de ces centaines d'artisans aux mains enchantées qui réalisent ici et là, avec grande discrétion, de telles merveilles. Et cela, bien souvent, dans l'ombre des projecteurs qui ne font briller que leurs acquéreurs.

Malgré notre volonté de trouver rapidement une affaire dans laquelle nous investir, même de manière provisoire, nous nous retrouvons vite pressés par le temps, nous confrontant à l'état de nos ressources financières qui ont déjà, elles aussi, traversé quelques tempêtes. Il devient urgent que quelque chose prenne forme. Beaucoup de secteurs d'activité présentent des ouvertures exploitables, innovantes et séduisantes qui, l'une après l'autre viennent égayer nos perspectives. Nous savons être créatifs et réceptifs à d'innombrables opportunités, malheureusement, chaque processus de développement de projet est systématiquement interrompu et anéanti. Nous ignorons à ce moment-là que nous nous trouvons à l'aube d'un enchaînement d'infructueuses démarches, transactions et rebondissements. Chaque fois que nous avançons dans une direction, quelque chose nous ramène à notre point de départ. En quelques heures, tout peut s'écrouler de manière irrémédiable. Cela nous laisse un goût toujours plus amer mais nous avons, heureusement, souvent un plan B à explorer.

La difficulté majeure demeurera l'incohérence entre les paroles et le réel engagement de nos potentiels alliés. Seuls, nous sommes désarmés, et dans un tel système, il est très difficile de s'imposer sans posséder une lourde artillerie : un bon réseau et des ressources financières qui incluent une soupape de sécurité. Nous manquons des deux. Nous avons peut-être trop longtemps ignoré cette réalité en nous entêtant à croire que nous pourrions réussir différemment, sans obligatoirement céder à une politique de corruption et accepter que les pistons et l'argent soient, comme partout ailleurs, le nerf de la guerre. Bien que nous avions été conscients que nous devrions faire face à des difficultés, nous n'avions pas mesuré combien notre solitude nous affaiblirait. Il nous deviendra évident que convoiter seuls une place et une réussite dans une société indienne telle que nous la découvrions était presque aussi irréaliste que le seraient les prétentions d'un sourd qui déciderait de devenir un grand chef d'orchestre.

Nos entreprises seront nombreuses et diversifiées. Raphael ne laissera passer aucune opportunité sans l'avoir un minimum étudiée. L'un de nos premiers engagements est lié à un projet de commerce d'exportation de poissons vers différents pays d'Asie en collaboration avec, entre autres, quelqu'un qui nous était proche et qui semblait avoir de bonnes intentions. Nous devenons alors brièvement et officiellement locataires d'une usine dans l'état du Gujarat et organisons une première expédition maritime. Mais rapidement la collaboration avec nos partenaires indiens se détériore et nous perdons une somme considérable avant de retirer nos cartes du jeu. Le projet était prometteur, mais il ne peut y avoir d'avenir aux côtés d'alliés prêts à te trahir.

Le coup est dur mais il n'est pas question de se laisser abattre. Raphael saisit une nouvelle opportunité et s'envole vers le sud du pays pour visiter des usines de fabrication de t-shirts. Elles appartiennent à un entrepreneur local installé à Mumbai et déjà actif dans le domaine de la création de textiles personnalisés. Ils envisagent ensemble un partenariat et vont jusqu'à finaliser une plateforme internet destinée - dans un premier temps - aux entreprises helvétiques. Deux de ses amis suisses le rejoignent dans cette nouvelle aventure et viennent rapidement rencontrer ce collaborateur. Celui-ci semble être un contact fiable avec qui (enfin) construire un avenir en Inde, en parallèle à notre projet de chalet suisse qui reste sur le carreau. La relation que mon mari entretient avec cet Indien semble différente des autres. Il apprécie autant son travail méticuleux que le soin qu'il accorde à son espace de production et à ses machines de haute technologie. La qualité de ses broderies et impressions de logos est d'une grande précision : critères indispensables pour le marché que nous ciblons. Mais une fois encore, un retournement de situation inattendu vient anéantir les efforts et le travail acharné de plusieurs mois de mise en place du projet entre nos deux pays. Nous sommes ainsi contraints de trouver rapidement une alternative pour produire les commandes en cours, dans des délais presque irréalisables. Raphael se retrouve à nouveau seul, sans personne pour le guider ni le conseiller, sans personne avec qui partager les diverses tâches à remplir. Il part visiter tous les ateliers, producteurs et revendeurs de tissus qu'il trouve sur les sites internet locaux, recherchant des personnes capables d'assumer selon ses propres exigences chaque étape de la chaîne de fabrication des textiles déjà commandés. Il se retrouve à devoir créer dans son intégralité une structure similaire à celle qu'il avait rejointe clé en main. C'est d'ailleurs précisément cet aspect-là qui avait été l'atout du projet. Mais s'improviser soudainement maître du prêt-à-porter alors que ce milieu lui est totalement étranger est un défi intense. Il trouve rapidement des artisans capables d'exécuter des travaux de marquage et de personnalisation de textile à l'unité, mais il devra tester de nombreuses adresses avant de tomber sur des entreprises qui peuvent s'adapter aux conditions de qualité qu'il souhaite et garantir des finitions correctes. Les échéances sont une source de stress perpétuelle qui nous accompagnera tout du long de notre aventure. Notre marchandise nous est parfois livrée avec tellement de retard que nous devons organiser sa réception à notre domicile tard dans la soirée. Nous consacrerons alors des nuits entières à couper des fils, détacher au savon de Marseille et passer au sèche-cheveux des centaines de t-shirts blancs pour que la commande soit prête à partir le lendemain matin à l'arrivée du transporteur.

Dans un premier temps, nous devons assumer chaque étape individuellement : trouver une entreprise qui puisse garantir la qualité du tissu défini, une autre capable d'effectuer sa teinture à des prix raisonnables malgré le volume réduit de nos productions et une dernière dans laquelle faire confectionner nos t-shirts et polos commandés sur mesure. Mon mari effectuera ensuite lui-même la livraison des vêtements finis chez un brodeur qui réalise, une à une, chaque pièce à personnaliser. Tout est compliqué et décourageant, mais nous tenons l'infime extrémité d'une opportunité de gagne-pain, nous ne pouvons abandonner. À force de persévérance, il rencontrera des personnes pouvant assumer plusieurs étapes de production, réduisant ainsi de nombre de nos déplacements et bien des tensions. La rentabilité des premières commandes est toutefois nulle au vu de l'investissement que cela nous coûte, financièrement et personnellement. Mais c'est le prix à payer pour sauver notre peau.

Raphael consacre ses nuits à étudier des marchés qui lui sont encore inconnus. Il devient essentiel de nous assurer une source de revenus plus ou moins immédiate, nous sommes prêts à tout essayer sans jamais nous fermer à l'idée d'une alliance, malgré toutes ces mauvaises expériences. Qu'importe le contexte, toute opportunité est à prendre au sérieux. Je me souviens de quelques autres concepts qui sont venus distraire nos nuits blanches. Il a imaginé réaliser un centre d'accrobranche en zone rurale, à quelques heures de Mumbai. Il a également développé de sérieuses possibilités d'importer des places de jeux d'un groupe français situé en troisième position sur le marché européen. Il travaillera plusieurs mois sur la commercialisation de purificateurs d'air, négociera une place de manager dans l'hôtel d'un ami au cœur d'Agra (la ville dans laquelle est érigé le Taj Mahal, dans l'état de l'Uttar Pradesh au nord de l'Inde) et montera un projet d'académie de football à Mumbai. Des dizaines d'autres stimulations se succéderont. J'avoue avoir été parfois un peu dépassée par tout ce qui pouvait atteindre l'esprit vif et fertile de mon mari, mais cela était essentiel pour le maintenir dans une énergie créative, motivante, positive et ambitieuse, plutôt que de laisser le vide s'emparer de son cœur face aux difficultés.

Je n'ai pas échoué. J'ai simplement trouvé 10 000 solutions qui ne fonctionnent pas.

- Thomas Edison

J'essaie de mon côté de trouver des idées pouvant générer un revenu accessoire tout en me permettant de rester pleinement disponible pour les enfants. J'étais pourtant déjà très au clair sur le fait que ce sont là deux activités qui font difficilement bon ménage. Notre domicile se prêtant parfaitement au développement de projets, j'envisage d'y organiser des cours… Pourquoi pas ? Je prends conscience de ma singularité la plus aisément - et légalement - monnayable : ma langue maternelle française. Plusieurs personnes de notre entourage manifestent l'envie d'apprendre quelques notes de cette mélodie glamour. Je propose alors des ateliers de français aux jeunes de notre voisinage avec qui je me sens à l'aise, ou du moins préservée d'éventuels jugements sur la qualité de mon enseignement improvisé. Cette nouvelle distraction fait la fierté des mamans qui peuvent alors se vanter d'offrir à leurs enfants une fleur supplémentaire à leur bouquet - souvent déjà bien garni - de connaissances. Certaines écoles transmettent les bases du français à leurs élèves, je mets alors en avant la révision de ce qui leur est enseigné tout en approfondissant les sujets abordés. Avec d'autres, il sera juste question de découvrir la langue de manière ludique afin que la « corvée » ne leur soit pas trop insupportable. Je dois admettre que la plupart d'entre eux rejoindront mes ateliers sans grande motivation. Je jouerai ainsi à la maîtresse d'école pendant une année, après quoi je mettrai fin à cette petite activité lucrative qui demandait beaucoup trop de temps et d'organisation pour une rémunération dérisoire.

Je tente également de mettre un pied dans l'univers déjanté des agences de publicité et de mannequinat locales, après avoir reçu de nombreux encouragements et toutes sortes de recommandations. Je cherche à exploiter le fait que tout le monde me dévisage sans arrêt et utiliser ma singularité parmi la population locale comme un moyen de communication ou de marketing. J'avoue avoir trouvé amusante l'idée d'accomplir quelque chose dans ce milieu si l'occasion se présentait. Je réaliserai un dossier photos avec une photographe recommandée par une amie. Ce que je m'attends à vivre comme une banale série de clichés sera digne d'un casting Bollywood : dix heures d'affilée à changer de décor, de tenue et de maquillage, essayant tant bien que mal d'occuper mon esprit à autre chose qu'aux acrobaties qu'il m'est demandé d'effectuer, dans des endroits improbables de la banlieue nord de la ville. La première heure sera particulièrement éprouvante. Je n'aspire alors qu'à renoncer tellement les lieux et ce qu'ils attendent de moi me met mal à l'aise. Réussissant tant bien que mal à calmer leur entrain et à me prendre au jeu, j'arrive à faire abstraction du cadre choisi pour la première série de photos : une plage, à des heures de mes points de repère, très loin de ma zone de confort. Ma première tenue, composée d'une mousseline écrue transparente supposée me recouvrir le haut du corps, n'est pas adéquate pour une apparition publique. Quel supplice lorsqu'il m'est demandé de prendre des poses aussi indécentes que ridicules compte tenu des valeurs et des mœurs du pays dans lequel se déroule ce spectacle. Je me retrouve face à des spectateurs de plus en plus nombreux, s'approchant toujours plus près de notre « scène ». Sans doute cherchent-ils à s'assurer qu'en plus de la représentation gratuite et exclusive à laquelle ils assistent, ils repartiront avec un bonus d'images stockées dans leur téléphone portable. Ma photographe et ses partenaires manifesteront un certain soulagement au moment de quitter ce vaste terrain de chasse, semblant toutefois davantage satisfaits de leurs prises qu'embarrassés par le divertissement que nous venons d'offrir de si bonne heure le matin. De cette expérience peu ordinaire, je garde un bon souvenir et un joli livre photo. L'aventure n'ira pas plus loin. Les retours seront positifs, mais je prendrai peur en découvrant une part de la réalité liée à ce milieu. Mes échanges avec les responsables d'agences seront douteux et leurs intentions peu claires. Et cela malgré une sélection méticuleuse lors du choix des photos qui leur avaient été transmises. J'ai alors définitivement refermé la porte que j'avais innocemment entrouverte.

Nous avons ainsi continué à chercher un débouché suffisamment rentable pour couvrir les dépenses minimales liées à notre nouvelle vie. Si notre deuxième pilier et nos économies de départ pouvaient nous faire tenir un moment, nous ne pouvions nous permettre le luxe d'attendre que nos ressources soient totalement consumées pour nous soucier de notre autonomie financière.

En marge des collaborations aussi infructueuses que brèves et décevantes faites par mon mari lors de ses premières tentatives d'activité, il n'avait comme compagnon de route que ses valeurs : la loyauté, la bienveillance, une profonde indifférence face aux statuts sociaux et le respect d'une parole donnée. Il lui faudra du temps pour admettre que ses qualités qui font de lui un homme juste et bon ne lui seraient d'aucune utilité à Mumbai pour s'imposer et réaliser des affaires. Il avait pris part à un combat qui autorise les coups bas, alors que ses meilleures armes n'étaient autres que la persévérance et la résilience. Tant qu'il resterait accroché à ses valeurs et à ses codes d'honneur, il serait un adversaire vulnérable et désavantagé. Il allait devoir ajuster sa pensée… sans pour autant mal agir ou devenir quelqu'un d'autre ; apprendre à anticiper les revers pour mieux rebondir. Il résistera aux coups et trouvera la force de se relever dignement… bien qu'écorché, déçu et trompé à de nombreuses reprises. Je le sentais par moment très attristé et usé par les déceptions qu'il encaissait. Mais toujours il savait accepter sa part de responsabilité et réussissait à contrôler ses émotions pour ne pas sombrer dans la colère. Il laissait consciemment de côté tout ce qui ne nous servirait pas à nous construire. Son inébranlable calme et sa « cool attitude » pouvaient être déroutants. Je sais qu'ils ont parfois été interprétés par des téléspectateurs comme un manque de combativité, alors qu'en réalité cela lui permettait de gagner du temps et de préserver son énergie en se focalisant sur ce qu'il avait à faire plutôt que se noyer dans les remontrances et règlements de compte. J'ignore le véritable niveau de stress qu'il aura éprouvé durant ces quelques années, mais il semble avoir su trouver en lui - lors de chaque coup dur - la force de rester positif, tout en préservant ses valeurs familiales et ses qualités d'être humain.

Pour ma part, je dois avouer ne pas avoir trouvé, sur le moment, les outils nécessaires pour comprendre où aller puiser cette même maîtrise émotionnelle. J'étais désarmée et ne pouvais faire autrement qu'accueillir les aléas de notre quête avec grande émotivité. Je vivais chaque instant avec tellement d'intensité que j'étais incapable de prendre du recul et de comprendre comment interpréter les messages que la vie nous adressait, ni d'apprendre quoi que ce soit des échecs qui s'enchaînaient. Cette forme de sagesse m'aurait grandement rendu service, mais elle ne m'était pas encore accessible. Je n'ai jamais su où il puisait ses ressources, mais il était capable, malgré un épuisement psychologique aussi certain que silencieux, de m'offrir du réconfort lorsque j'en avais besoin, même s'il s'agissait de ses dernières réserves. Je fonctionne différemment, j'extériorise mes émotions, sans quoi j'implose. Alors je réglais mes comptes au fur et à mesure, cherchant en vain des solutions miraculeuses, m'accrochant à ce qui n'était plus. Quelles souffrances inutiles m'imposais-je à force de toujours me croire en mesure de faire changer les choses, aussi irrévocables et hors contrôle pouvaient-elles être. Nos différences nous rendent très complémentaires, et dans les moments difficiles, nous savions qu'elles étaient définitivement nos alliées, notre force.

C'était ainsi que nous avancions, côte à côte, engagés une fois encore pour le meilleur et contre le pire.

Nous restons tout de même en mouvement et réussissions à retrouver de la motivation rapidement, même lorsque nous assistions impuissants à la destruction soudaine et irréversible de tout ce qui avait été mis en place. Nous comptions de plus en plus de maillons à notre chaîne des difficultés. Elle ne cessera de s'alourdir au fil du temps et nous fera trébucher fréquemment, comme s'il était nécessaire de repousser toujours plus loin les limites de notre résistance. Nous avons cependant appris à gérer nos chutes différemment. Notre vie ressemblait à une partie de dominos, et rares étaient les pièces qui tenaient longtemps debout. Il était difficile de vivre sans acquis, sans revenu et sans perspective. Mais plus difficile encore était cette confrontation quotidienne à notre propre réalité puisque nous ne nous autorisions pas d'autre alternative que la réussite. Elle devait être l'aboutissement de notre histoire à Mumbai. Nous ne pouvions imaginer rentrer avant, rentrer sans… par principe, par fierté, par rentabilité. Plus secrètement, lorsque j'écoutais ce que me disait mon cœur, je crois que j'entendais qu'il n'aspirait pas à devoir rentrer un jour. Mais nos ressources financières n'étaient pas illimitées, il allait peut-être bientôt falloir renoncer, prendre d'importantes décisions et en assumer la portée. Ce jour me faisait trembler d'avance. J'avais une vision assez claire de ce qu'il adviendrait de notre histoire indienne lorsque nous ne pourrions plus nous soustraire à nous poser les bonnes questions.

Le plus dur n'est pas de partir, mais de réaliser et d'accepter qu'il est temps de revenir.

3

Vivre au soleil reflète souvent l'image d'une existence privilégiée. Il était fréquent que l'on me demande de quelle façon je pouvais bien occuper mes journées à Mumbai. Ce que je soupçonnais être une manière courtoise, ou maladroite, de comparer mon quotidien à un congé sabbatique. Si la mer faisait bel et bien partie du décor et qu'il m'arrivait de siroter une noix de coco fraîche, ma réalité ressemblait davantage à un combat d'intégration qu'à une retraite balnéaire.

Je me retrouvais certes mêlée à un train de vie inédit et à mille nouveautés, mais mes obligations quotidiennes restaient, elles, plus ou moins les mêmes : communes à mes engagements d'antan en Suisse et essentiellement liées à mon statut de mère. Quant à l'étiquette « bord de mer », Mumbai est, par endroit, propice à de belles balades à pied et offre de magnifiques couchers de soleil, mais son eau polluée et brunâtre rend toute tentative de baignade impossible.

L'organisation que suscitait l'instruction et les divertissements des enfants remplissait une bonne partie de mes journées. Durant les deux premières années, nous assumions personnellement tous les trajets liés à l'école. Elle était située à environ deux kilomètres à vol d'oiseau de chez nous, mais pour nous y rendre il fallait compter avec un itinéraire de plus de quatre kilomètres. Les deux allers-retours quotidiens nécessitaient presque deux heures de parcours, pour trois heures de cours.

Lorsque notre fils commencera sa première année d'école obligatoire, lui et sa petite sœur changeront d'établissement et un bus se chargera de les véhiculer, à des heures différées. Cette nouvelle organisation bousculera violemment mon cœur de maman protectrice et m'obligera à faire confiance au système auquel nous appartenions désormais. Mes enfants se retrouvaient finalement comme tous les autres, lâchés en pleine ville dans des bus scolaires jaunes aux fenêtres protégées par des barres métalliques, à travers lesquels ils me faisaient des petits signes de la main jusqu'à ce qu'ils se fassent engloutir par la dense circulation. Chaque matin, je les regardais s'éloigner le cœur serré. Pendadant que j'apprenais à déléguer, je demandais à leurs anges gardiens de les protéger. J'avais tellement peur que ma petite fille se fasse repérer, qu'elle devienne une cible, que sur le chemin de l'école on puisse me l'enlever… Quand j'attendais leur retour et que leur véhicule apparaissait enfin au bout de la rue, j'éprouvais un profond soulagement.

Le temps que cette nouvelle organisation me faisait gagner me permettait de m'adonner à cette routine que nous connaissons tous et que font la plupart des gens : chercher le courrier, faire les courses, gérer les nécessités courantes et organiser les repas de la semaine. Puis j'aidais mon mari dans les différents projets qu'il mettait en place ou me consacrais à mes propres inspirations.

Toute activité en cuisine était devenue ma bête noire. Outre le fait que je n'avais plus ni eau chaude ni lave-vaisselle et que cette pièce était dépourvue de climatisation et agencée avec une cuisinière à gaz, je n'éprouvais plus aucune complicité avec mon réfrigérateur. Varier les menus me donnait du fil à retordre. J'ai mis du temps à être créative et à apprivoiser l'ensemble des denrées locales. Le temps que j'économisais en me déchargeant de cette besogne n'avait alors pas de prix.

J'ai bénéficié d'aide à la maison presque tout du long de notre séjour mais cela n'empêchait pas que je doive assumer certaines tâches ménagères et superviser en permanence ce que j'avais le privilège de déléguer. L'entretien de notre appartement nécessitait un investissement de temps considérable. La poussière, omniprésente, qui s'infiltrait de partout à une vitesse inimaginable était un fléau. Additionnée à la pollution, elle était à l'origine de toux récurrentes et autres désagréments qui touchaient aux voies respiratoires des enfants.

La plus grande partie de mon temps demeurait consacrée à mon rôle de maman. En dehors des heures d'école, j'essayais d'être présente le plus souvent possible pour mes enfants et de les accompagner dans toutes sortes d'activités. Nous aimions bricoler, nous faire masser, faire de la pâtisserie, nous décorer les mains et les pieds avec des dessins au henné, dessiner ou expérimenter de nouveaux jeux locaux à l'intérieur comme à l'extérieur. Je tenais à leur offrir une présence aussi bien quantitative que qualitative, afin de ne pas sacrifier leurs besoins et attentes sous prétexte que nous avions peu de temps pour nous réaliser professionnellement. Nous étions soudainement devenus, mon mari et moi, leur seule référence, leur seule source d'affection. Selon nos valeurs, nous nous devions de les encadrer et leur apporter une sécurité émotionnelle par une présence physique et une grande disponibilité. Lorsqu'ils rentraient de l'école, je les aidais dans leurs devoirs puis je les préparais pour leurs activités qui se déroulaient dans notre espace d'habitation. Cours de natations, athlétisme, cricket, danse Bollywood… ils expérimentaient au fil des mois ce qui leur faisait envie.

Les journées étaient toujours bien remplies, et, puisque chaque entreprise prenait un temps fou à réaliser, il arrivait fréquemment qu'une « rapide » visite chez le pédiatre, un aller-retour au supermarché, une balade au marché aux fleurs ou une autre simple petite activité remplisse une demi-journée à elle toute seule. Le temps battait une autre mesure… ou avais-je l'impression que les journées s'entremêlaient parfois au point de ne plus faire la différence entre hier, aujourd'hui et demain.

En parallèle, beaucoup de petites choses venaient rythmer notre vie. Toutes sortes de rituels et d'habitudes s'étaient installés à des moments bien précis de notre quotidien. En semaine, les enfants sortaient à seize heures trente jouer dans le jardin (une fois le soleil plus doux pour leur peau) pendant que je buvais le Masala Chai parfaitement dosé en sucre et en lait que me préparait deux fois par jour notre Didi[11]. Notre fils jouait, s'il le pouvait, au football ou au cricket avec les garçons qu'il croisait dans le parc. Notre fille prenait automatiquement ses quartiers à la place de jeux, où l'on pouvait dénombrer autant d'enfants que de Didis en sari qui restaient assises sur un muret à échanger des ragots, tout en se

---

11 Littéralement « grande sœur » en hindi. Nom familier donné aux nounous.

tenant disponibles et prêtes à bondir lorsqu'elles reconnaissaient la voix de leurs protégés qui avaient l'habitude de les solliciter pour n'importe quel caprice. J'ai été pendant longtemps la seule maman à faire acte de présence sur les aires de jeux de notre lieu d'habitation. Un dévouement maternel bien rare qui, à lui seul, nourrissait de nombreuses intrigues au sein de la communauté de ces mères de substitution que mes aides de maison se faisaient une joie de me rapporter, fièrement.

Vers dix-huit heures, je dictais dans un hindi primaire ma liste de fruits et légumes au petit homme qui sonnait à ma porte tous les jours, arpentant en courant et sans fléchir les quarante-neuf étages des trois tours de notre complexe ; une mine d'or pour ses affaires. Je trouvais chaque matin vers neuf heures ma commande déposée devant la porte. Son contenu, toujours assez fantaisiste, comprenait plusieurs fois par semaine notre carburant : de gros bouquets de coriandre fraîche qui embaumaient tout le hall du sixième étage. Il en était de même avec notre livreur de pain et d'œufs qui effectuait son passage le matin à onze heures, et dont nous devinions la présence par la musique locale qui émanait à plein volume de ses écouteurs (qu'il n'enlevait sous aucun prétexte). Il me choisissait un à un les œufs du jour. Je n'ai jamais compris quel critère les rendait, à ses yeux, si singuliers. Puis il me les disposait délicatement dans un bol blanc dont l'effet me donnait quelquefois l'impression d'une peinture abstraite ; chaque coquille était encore recouvert de taches brunâtres ou vert foncé dont il était préférable d'ignorer l'origine. Cela faisait partie de ces petits détails qui me répugnaient dans un premier temps mais que j'avais assez vite réussi à accepter, puis à ne même plus y prêter attention. Le pays m'apprivoisait avec douceur.

Ces services d'approvisionnement étaient très pratiques. Nous pouvions également nous faire livrer à heures fixes du lait frais, des noix de coco, du poisson et autres fruits de mer surgelés, ainsi que le journal, du riz, des farines, des lentilles et autres grains qui constituent la base des repas en Inde. Nous bénéficions aussi d'un vaste système de services à domicile : il était commun de faire venir son couturier, un médecin, son masseur ou même des artisans de divers domaines qui n'hésitent pas à se déplacer contre de misérables rémunérations par rapport au temps qu'ils nous font gagner. Mais il faut reconnaître que la somme totale de ces microsalaires contribue largement à faire vivre des millions de gens. Sans parler des postes fixes que génèrent les ménages de classes moyennes à élevées, sollicitant cuisiniers, commis, laveurs de vitres, de sol, de salle de bain, de WC, jardiniers pour plantes de balcons, nounous, nurses, chauffeurs. Ici, à chacun sa spécialisation. D'où le nombre élevé de personnes travaillant pour une seule famille. Je n'ai jamais adhéré à ce degré de cohabitation, il était déjà bien compliqué de vivre avec une seule aide de maison, à qui nous demandions d'être en mesure de travailler avec une certaine flexibilité dans les tâches qui lui étaient attribuées, contre un salaire attractif. En théorie, ces mandats n'effrayaient pas nos candidates. En pratique, il n'a pas été évident pour les trois jeunes femmes qui ont travaillé sous notre toit d'appliquer cette polyvalence qui leur demandait une grande souplesse d'esprit.

En parallèle de l'aide qu'elles m'apportaient à la maison, leur présence était un précieux soutien dans l'organisation qui touchait aux enfants. À leurs côtés, j'apprendrai, en douceur, à déléguer certaines responsabilités.

Lorsque j'en avais l'occasion, j'aimais rendre visite à l'une ou l'autre de mes quelques nouvelles amies. Nos échanges me faisaient le plus grand bien. Rencontrer ces femmes qui avaient elles aussi des parcours de vie un peu différents était sincèrement bénéfique. Cela nous permettait de partager des choses importantes et profondes entre « égales ». Et lorsque nous parvenions à rire à deux de ce qui nous faisait habituellement souffrir en silence, cela nous offrait une forme de reconnaissance qui était la bienvenue.

J'aimais aussi simplement partir découvrir la ville, seule, et tenir un journal de tous les lieux pour lesquels mon cœur vibrait. Quelle que soit la rubrique - boutiques, cafés, restaurants, galeries, marchés, temples - chaque virée me donnait matière à épaissir mon carnet de bord. J'adorais faire partie de la fête qui s'emparait des rues au petit matin et qui ne prenait jamais réellement fin.

Nous passions également beaucoup de temps à nous joindre à diverses activités en relation avec les incessantes célébrations religieuses auxquelles nul n'échappe en habitant en Inde, du moins en zone urbaine pensais-je. Au mois de mars, les hindous célèbrent Holi : la fête des couleurs. Elle marque l'arrivée du printemps. Chacun attend impatiemment le moment de plonger au cœur des festivités. On se jette mutuellement des pigments au visage puis on s'asperge d'eau. Chaque couleur détient sa signification : le rouge symbolise l'amour et la joie, le vert l'harmonie, le bleu la vitalité et l'orange l'optimisme. De nombreuses places se transforment en bains géants colorés. Ce sera la première célébration à laquelle nous prendrons réellement part, et je n'oublierai jamais l'expression sur le visage de mes enfants lorsqu'ils ont reçu leur premier nuage de poudre en plein minois. Il leur avait fallu quelques minutes pour qu'ils se sentent à l'aise avec le fait que tout le monde vienne leur toucher le bout du nez et leur caresser les joues avec des mains multicolores. Mais une fois qu'ils avaient saisi l'amusement que chacun éprouvait en prenant part à ce jeu habituellement interdit, plus personne ne pourra plus les arrêter. Nous les retrouverons couverts de pigments de la tête aux pieds après qu'ils se soient traînés au sol dans les amas de poudre perdue, telle une pâte à pain roulée dans la farine. Nous aimions tous cette fête. C'était l'une des seules fois dans l'année où il semblait que les divisions de classes sociales s'évaporaient, où l'on pouvait assister à autant de gestes tactiles entre hommes et femmes, sans retenue, et où il régnait un semblant d'égalité au sein de la population. Oui, lorsqu'il s'agissait de festoyer, les classifications hiérarchiques disparaissaient le temps d'une danse. C'était agréable à voir.

En septembre, nous n'échappions pas non plus à Ganesh[12] Chaturthi : des festivités dédiées au Dieu Ganesh. Elles durent une dizaine de jours. Nous aimions assister, des semaines en amont, à la naissance de milliers de statues en plâtres de ce dieu éléphant - pouvant mesurer plusieurs mètres de haut - que des artisans réalisaient sous de grandes

---

[12] Dieu de la religion hindoue. Avec sa tête d'éléphant, il est l'une des figures religieuses les plus vénérées en Inde. Il est le fils de Shiva et de Pârvatî.

bâches bleues montées sur des bambous. Le dernier jour de célébration, les statues sont emmenées vers un point d'eau pour les immerger. À cette étape de la fête, il est impossible de se déplacer dans la ville. Des cortèges de milliers de personnes, suivis de chars transportant de gigantesques Ganesh, escortés par des centaines de policiers et militaires, dévalent les rues dans une ambiance d'ivresse générale. Notre quartier était particulièrement touché par l'événement, situé au carrefour des différentes trajectoires qui mènent au bord de mer et que de nombreux pèlerins empruntent pour l'immersion. Mes voisins revendiquaient la prudence et admiraient le défilé depuis leur balcon, à l'écart de la foule. Toujours à contre-courant, j'aimais aller ressentir les vibrations des tambours et assister de près à ce rassemblement qui était de loin le plus intense et le plus spectaculaire qu'il m'ait été donné de voir. Mes copines me traitaient d'inconsciente ! Même celles qui habitaient depuis toujours la métropole n'avaient jamais osé se mêler de si près à cette masse humaine. Il est vrai qu'il se dégageait de cet amas de gens une énergie impressionnante. J'irais même jusqu'à penser que la dernière fois que j'ai assisté à cette mobilisation religieuse, je vivais le moment le plus fascinant de mon temps passé en Inde. Jamais auparavant je n'avais ressenti quelque chose d'aussi particulier. Je m'étais retrouvée noyée dans une vague de fidèles venus de loin, duquel émanaient des émotions et une euphorie palpables. Je n'avais pu me soustraire une minute aux milliers de regards qui se posaient sur moi de manière presque épidémique. Comme si je m'étais transformée un instant en une source magnétique. Comme s'ils pouvaient ressentir ma présence parmi eux. J'avais pris part à un duel inéquitable de captures de photos : j'étais fascinée par tout ce qui vibrait autour de moi et par l'expression des visages de tous ces gens réunis. J'ai rapidement vidé ma batterie de téléphone pendant qu'ils étaient des centaines à me voler un portrait. J'avais l'impression d'être à la fois spectatrice et protagoniste d'une gigantesque pièce de théâtre.

Durant des instants comme ceux-ci, je me sentais si différente de tous ceux qui m'entouraient. Je savais que jamais je ne deviendrais l'une des leurs. Ce n'était pas mon but, évidemment, mais il m'arrivait parfois, l'espace d'un court instant, de me sentir leur semblable. Mais involontairement, et sans mauvaise intention, ils étaient des milliers à me rappeler que je venais d'ailleurs… Cette réalité ne m'empêchait pas de me sentir appartenir à cette ville, avec un profond et agréable sentiment d'y être chez moi, ni plus ni moins que l'étaient tous ces frères et sœurs indiens. C'était très étrange, un brin déroutant, mais je crois que j'aimais cette ambiguïté.

À peine nous immiscions-nous dans l'ambiance de la célébration qui imprégnait la ville tout entière que nous nous retrouvions appelés par les prémices de celle qui allait suivre. Les Indiens passent l'année à construire des édifices et à mettre en place toutes sortes de décorations, partout où l'espace le permet encore, pour soudainement tout balayer aussitôt la fête achevée. Puis ils rebâtissent, avec enthousiasme, de nouveaux décors éphémères, festifs et colorés.

Début novembre arrivait le moment de préparer Diwali : la fête des Lumières. La métropole est alors éclairée par des milliers de guirlandes lumineuses, de lampions et de millions de petites bougies disposées sur le bord des fenêtres, devant les portes ou sur les balcons. Les festivités durent cinq jours, mais lors des préparatifs, on reconnaît une ambiance similaire à celle qui se dégage des cités dans lesquelles est célébré Noël, avec sa période de l'Avent. Diwali, c'est l'occasion de s'offrir des cadeaux, de voir s'embraser le ciel avec des centaines de feux d'artifice, de manger des festins et de s'échanger des boîtes de pâtisseries ou de fruits secs. À l'issue de ces quelques jours de fête débute, dans certaines parties du pays, la nouvelle année du calendrier hindou. C'était magnifique de contempler la ville une fois la nuit tombée. Nous en surplombions une belle partie de là où nous habitions. Notre emplacement nous offrait la vision exceptionnelle d'une cité illuminée de mille feux. Cette atmosphère nous faisait rêver et nous rappelait le ciel étoilé de nos campagnes.

Nous avions la chance d'être fréquemment invités par des voisins ou amis pour qui l'idée que nous soyons seuls durant cette période était inimaginable. Nous étions très touchés d'être intégrés de la sorte au sein de ces familles généreuses et bienveillantes, et apprécions que nos enfants puissent vivre ces instants mémorables, différents, qu'ils prenaient très au sérieux et qui leur ont offert un joli aperçu des valeurs et des pratiques religieuses liées à la culture hindoue.

À ces grands moments de festivités annuelles s'ajoutaient de nombreux jours fériés, affiliés à l'une ou l'autre des religions de la population indienne. Il était d'ailleurs impressionnant de constater avec quelle facilité ce peuple réussissait à cohabiter, malgré les différences de foi, de milieux sociaux et d'origines qui démarquent ces centaines de millions de gens.

Nous étions aussi amenés à fêter Noël d'une toute nouvelle manière. D'une part, en effectif réduit, d'autre part, dans une énergie bien différente. Il était vraiment étrange de décorer notre sapin en plastique avec des boules kitchs que le ventilateur faisait vaciller lorsqu'il brassait l'air chaud qui nous entourait. Pas de neige, pas de bonhomme de neige, pas de père Noël, pas de grande enseigne qui regorge de marchandise, pas d'interminable file d'attente dans les magasins les jours qui précèdent ces retrouvailles annuelles, ni de prix cassé dès leur réouverture. Rien qui puisse déstabiliser notre notion de la valeur des choses ni nous donner l'impression que tout a perdu de sa magie et de sa grandeur le temps d'un carillon.

Il en était de même durant la période de Pâques qui était réduite à une cure de chocolats en forme de lapins tricolores que nos visites nous apportaient s'ils en avaient l'occasion.

En contrepartie, nous prenions part à plein d'autres fêtes, et cela nous convenait parfaitement bien. Quant aux anniversaires, ils étaient, eux aussi, de grands moments à prendre en compte dans le cycle des célébrations annuelles. Ils nous ont donné du fil à retordre et ont quelque peu ébranlé nos valeurs familiales et sociales lorsque nous nous retrouvions confrontés à la dimension presque indécente que pouvait prendre une fête d'anniversaire au sein de notre entourage privilégié. Nos enfants s'étaient habitués à prendre part à des goûters d'anniversaire démentiels pour lesquels le budget devait parfois être supérieur à celui d'un banal mariage en Suisse. Dès le plus jeune âge de ces enfants-là, la fête se devait d'être spectaculaire. Ces événements semblaient davantage servir de faire-valoir pour la famille qu'être de véritables sources de plaisir pour les enfants. Je suspectais parfois qu'un tel investissement devait être motivé par le besoin de se mesurer à ce qui s'était vu au préalable dans des familles rivales. Un peu rébarbatif mais gage de valeur sûre, il était normal de se rendre dans un hôtel ou dans un club, où le maître mot était l'opulence : tout se trouvait démesuré. Chaque anniversaire proposait des buffets de nourriture sous cloche, des activités et des infrastructures spécifiques à la thématique de la fête. Des animateurs chargés d'occuper les enfants en perpétuelle demande de stimulation leur proposaient, à l'aide d'un microphone, des jeux et des concours. De nombreux prix étaient distribués. Leur valeur était souvent supérieure à l'attention que vous aviez offerte en arrivant, celui-ci étant directement emmené par un employé de la famille et mis à l'abri des dizaines de petits prédateurs invités au goûter qui n'assisteront jamais à l'ouverture des cadeaux. Nous nous efforcions de les faire apprécier ce genre de folies le temps que cela durerait pour eux, tout en les rendant sensibles au fait que ces privilèges étaient exceptionnels.

Les mariages auxquels nous avons été conviés nous ont éblouis à l'identique. La splendeur des décorations florales, l'ingéniosité et l'imagination avec lesquelles ils savent réaliser des ambiances dignes de contes orientaux sur des terrains vagues desséchés, étaient époustouflantes. Quelques drapages mêlés à des structures artisanales exceptionnelles rendaient à eux seuls les lieux magiques. La plus impressionnante et mémorable cérémonie à laquelle j'aie pris part était celle de charmants voisins, une famille de diamantaires. Ils nous témoignaient beaucoup de gentillesse et n'hésitaient jamais à nous convier à leurs régulières réceptions. Des milliers de gens et de nombreux journalistes ont fait acte de présence lors de l'union de leur fille avec un jeune homme appartenant lui aussi au monde de ces précieux cailloux. Le plus beau et le meilleur étaient au rendez-vous. Je garde un souvenir mémorable du coffret que nous avons reçu en guise de faire-part, et jamais je n'oublierai l'ambiance créée par l'extraordinaire prestation du renommé flûtiste Baljinder Singh. Ses mélodies m'avaient émue aux larmes, elles créaient une atmosphère enchanteresse tout autour des allées de buffets de nourriture. Ajoutez à cela les somptueuses tenues vestimentaires de la famille des mariés, et des mariés eux-mêmes… le résultat était absolument parfait.

Il était agréable de recevoir humblement tous ces privilèges qui nous étaient offerts, le temps d'une cérémonie, d'une journée entière de festivités ou même de plusieurs jours consécutifs de fête inoubliables. Je ne sais ni pourquoi ni comment nous avons eu la chance de vivre ces moments d'exception et d'abondance. Cela nous faisait clairement oublier, un court instant, la tout autre réalité de la vie qui touche plus d'un milliard d'habitants de ce même pays pour qui les privilèges sont abondamment restreints. Alors nous nous efforcions de garder une fenêtre grande ouverte sur l'extérieur, afin de ne pas occulter la réalité de la vie qui nous entourait et de relativiser le poids de nos propres difficultés. Les images saisissantes et si réalistes qui faisaient partie de notre environnement nous rappelaient au quotidien quel était le véritable visage des meneurs de combats. Une pensée solidaire pour toutes ces personnes qui vivent d'un rien, qui ne possèdent rien, et qui acceptent leur condition humaine avec dignité, tout en sachant accueillir le bonheur dans sa simplicité.

Nous naviguions sans cesse d'un monde à un autre. Cela marquait une fois encore cette dualité omniprésente qui s'appliquait à tout ce que nous vivions et pouvions ressentir. D'un côté, notre univers : une existence privilégiée entravée par des difficultés de tous genres et des ressources financières limitées qui ne nous feraient tenir qu'un certain temps. De l'autre, cette opulence démesurée dans laquelle nous nous retrouvions souvent confortablement installés par procuration, de façon ponctuelle et éphémère, où nous ne faisions que nous balader sans perdre pied. Notre quotidien semblait avoir plusieurs portes de sortie, mais qu'une seule porte d'entrée. Il était parfois confrontant de fréquenter ces groupes de gens tellement fortunés alors que nous étions gentiment en train de perdre tout ce à quoi nous tenions. Et en même temps, nous demeurions tellement privilégiés par rapport à une immense majorité. Alors nous ne trichions pas avec notre réalité qui était ce qu'elle était pour qui voulait y entrer.

Pour être heureux dans la vie, il faut simplement savoir laisser venir ce qui vient et laisser partir ce qui s'en va.

- Paulo Cœlho

Nos prévisions budgétaires en termes de gains, de besoins et de charges seront considérablement chamboulées. Nous nous surprenions à réévaluer quelles devenaient désormais nos dépenses les plus importantes, et, au contraire, les plus insignifiantes.

Le coût de la vie à Mumbai n'échappe pas aux contrastes qui font la particularité de la ville. Le prix des locations d'appartement est très élevé et cette réalité ne s'adresse pas seulement aux logements de haut standing. Habiter le cœur de la ville est un privilège qui se paie aussi cher que de vivre au centre de Paris. Sans tour Eiffel, mais avec de beaux gratte-ciels, semblables à notre tour d'habitation que l'on reconnaissait de loin avec ses deux-cent-vingt-deux mètres de haut. Le prix de l'alcool, des voitures, des vêtements et autres produits importés était également plus élevé que ce que nous étions habitués à voir en Suisse. En revanche, étonnamment presque tous les Indiens ont un téléphone portable et les classes moyennes, un poste de télévision. Par contre, rares sont les foyers qui investissent dans des appareils du type aspirateur, lave-vaisselle, lave-linge ou un simple hachoir, puisque la main-d'œuvre qui effectue manuellement ces fonctions est nettement meilleure marché.

L'une des plus grosses parties de notre budget a été attribuée à la scolarité des enfants. Nos critères de sélection lors du choix de l'établissement ayant pourtant été la proximité avec notre lieu d'habitation et le prix des charges annuelles. Les frais d'inscription et d'écolage, les achats d'uniformes, la prise en charge des trajets en bus ainsi que tous les coûts annexes représentaient une petite fortune. Nos enfants intégreront une école indienne mais privée, basée sur un programme international. Nous souhaitions qu'ils perfectionnent leur anglais et leur hindi, mais surtout qu'ils côtoient un maximum d'Indiens pour découvrir leur culture. Cette intégration se devait de prendre racine au niveau de leur instruction. La quasi-totalité des expatriés que nous connaissions avait scolarisé leurs enfants dans des écoles françaises, allemandes ou américaines, afin qu'ils puissent reprendre ou réintégrer ailleurs un certain cursus le jour où ils devraient quitter la ville. Cette alternative offre, certes, un confort, des avantages et une stabilité pour toute la famille, mais elle ne permet certainement pas la même ouverture sur le monde qui les entoure. Nous craignions d'isoler nos petits de la population indigène si leurs camarades faisaient exclusivement partie de l'une ou l'autre de ces communautés qui vivent souvent à huis clos, relativement en marge de la société locale. Les relations et les échanges qu'ils ont pu avoir avec leurs compagnons autochtones ont été d'une grande richesse, il aurait été dommage de les priver de cette ouverture culturelle.

Mis à part ces frais de scolarisation et notre loyer élevé, le coût de la vie était dérisoire. Pour autant que nous vivions « local ». Nous pouvions nous nourrir pour trois fois rien, la base alimentaire étant des fruits et légumes, du riz, des chapatis[13], des lentilles et autres légumineuses riches en protéines ainsi que des produits laitiers. Ces quelques éléments, auxquels s'ajoute un tas d'épices remplies de vertus, suffisent à garantir les divers besoins nutritionnels de la large population végétarienne que compte le pays tout entier. Il existe bien entendu des boucheries dans lesquelles nous nous approvisionnions en viande de buffle, de porc, de poulet ou d'agneau proposée sous toutes leurs formes. Mais en réalité plus le temps passait et moins la viande faisait partie de nos menus. Je ne sais pas si la chaleur ambiante suffisait à freiner nos envies mais nous nous en passions sans frustration. Nous trouvions également quelques supermarchés de produits alimentaires importés dans lesquels nous effectuions des achats au compte-goutte, pour lesquels la facture était aussi élevée qu'en Suisse, si ce n'est pas davantage. Il était agréable de savoir que ces endroits existaient pour les rares fois où nous avions envie ou besoin d'un produit spécifique, mais pour le quotidien nous avons rapidement réajusté nos besoins en nous orientant vers la cuisine locale. Les enfants appréciaient eux aussi les saveurs indiennes et avaient leur plat vedette : Jaya demandait partout des lentilles et du riz, en hindi Daal Chawal, et Sanjay était fan des Okras (ces légumes en forme de doigt de sorcières sont aussi appelés Gombo ou Ladies Fingers) accompagnés de fines galettes de farine complète, un incontournable

---

13 Fine galette composée de farine complète et d'eau. Une base de l'alimentation indienne.

duo appelé localement Bhindi Chapatis. Il les aimait très piquants, alors il recevait toujours un supplément de petits piments verts entiers qu'il mâchouillait sans jamais prendre feu.

D'autres dépenses dérisoires se greffaient à notre quotidien. Le prix d'un Chai en pleine rue était de dix centimes d'euros. Un Vada pav[14] quinze centimes. Un œuf six centimes. Une banale course en taxi coûtait entre quarante centimes et un euro cinquante, et un trajet en train du centre au sud de la ville à peine plus de soixante centimes. La bouteille d'eau de vingt litres avec consigne se paie environ un euro et une cigarette quinze centimes, le même prix qu'un journal quotidien. Quant au prix des fruits et légumes, il fluctue à la manière de l'or, des saisons et des conditions climatiques influençant sans cesse leur prix. Un vrai casse-tête pour les négociations !

Les employés de maison qui travaillaient à cent pour cent, six jours sur sept minimum, recevaient en moyenne - dans notre entourage - cent euros par mois. Une somme insignifiante face à la valeur inestimable de l'aide qu'elle procure, mais ce montant représente une somme attractive pour toutes ces personnes qui parviennent à réaliser des économies en étant généralement nourries et logées sur leur lieu de travail. Cela ne justifiait tout de même pas la disparité de valeur entre les choses et les services auxquels nous avions accès. Comment expliquer qu'un salaire moyen à plein temps puisse être égal à la valeur d'une paire de jeans importée ou d'une belle boîte de Lego® ? Ou encore que le prix d'un avocat ou de quelques pommes dans une épicerie puisse être équivalent à celui d'un repas copieux pour six personnes dans un petit restaurant de cuisine locale ? Il en était ainsi. Les coûts liés à notre nouveau quotidien étaient majoritairement inversés, au point de nous sembler normal qu'un jeune homme nous nettoie intégralement l'extérieur de notre véhicule trois fois par semaine pour quatre euros par mois, alors que dévorer une pomme verte devenait un luxe.

---

[14] Boule de pomme de terre épicée et frite, insérée dans un petit pain moelleux. Le snack de rue le plus populaire de Mumbai.

Si nous privilégions un maximum les produits locaux et nous tenions à l'écart des lieux et loisirs dédiés à la jet-set indienne ainsi qu'aux expatriés établis dans la ville, il était possible de vivre plus ou moins « modestement ». C'est un mot que je trouve inapproprié face à la pauvreté qui nous entourait, mais il reste cependant très explicite pour définir la prudence avec laquelle nous effectuions nos dépenses afin d'éviter autant que possible les frais extravagants ou superflus. Plus le temps passait, à moins nous avions accès. Cela impliquait d'adopter un mode de vie de plus en plus local même s'il nous compliquait parfois l'existence.

Si nous avions souhaité préserver un certain confort en nous installant dans ce beau complexe immobilier, nous n'avions pas pour autant tenu à nous couper d'une mixité sociale. Mais l'un n'allait pas sans l'autre. Parmi les femmes que je fréquentais, certaines appartenaient à la petite communauté de « nouveaux riches » dont les valeurs parfois me heurtaient. Lorsqu'elle me sollicitaient pour partager leurs loisirs, ni mes finances ni mes priorités ne me permettaient de suivre la cadence de leurs besoins de distraction. Pendant que nous courions après une source de revenus, mes nouvelles copines aimaient courir après de jolies pièces de maroquinerie. Nous n'avions pas les mêmes préoccupations. De leur côté, lorsqu'il était question de gérer une période difficile, cela pouvait sous-entendre qu'elles doivent reprendre le rôle des mamans de substitutions de leurs propres enfants : enfiler leur costume de maman. Effectivement, une nounou qui manquait à l'appel pouvait s'avérer dramatique. Cela impliquait qu'elles doivent assumer pendant quelques jours d'inhabituelles tâches, telles que nourrir leurs petits, les aider pour leur toilette et même, au pire des cas, les accompagner dans la révision de leurs devoirs. Heureusement, nous savions rire ensemble de nos différences puisque nous ne cessions de nous surprendre mutuellement. J'avais conscience d'être parfois dure dans mes jugements, spécialement lorsqu'il s'agissait de valeurs liées à la manière dont elles s'impliquaient auprès de leurs précieux descendants. Et je savais que notre façon de vivre suscitait, elle aussi, de fortes incompréhensions aux yeux de ces personnes-là. Or, je suis convaincue que nous ne nous serions pas senties si « différentes » si nous nous étions rencontrées ailleurs, là où l'argent ne scinde pas pareillement les classes sociales. Ce puissant obstacle à l'amitié me faisait subir, parfois et d'une certaine manière, les discriminations qui s'appliquent entre castes. J'étais tolérée et bénéficiais de traitements de faveur grâce à mes origines et à ma couleur de peau, perçues comme des atouts redoutables, mais je sentais que certaines portes ne me seraient jamais ouvertes.

७

Nul n'a besoin de se retrouver à l'autre bout du monde pour se confronter à la solitude et aspirer aux bienfaits d'amitiés sincères. Ces dernières sécurisent, comme une main tendue prête à nous rattraper lorsqu'on se perd, que l'on tombe, que l'on ne voit plus clair.

Je n'ai jamais recherché à être entourée de beaucoup de gens pour vivre bien, mais je me réjouis toujours d'une nouvelle et belle rencontre. Je me livre volontiers et apprécie celles et ceux avec qui il est possible de contourner les banalités. Malheureusement, malgré la quantité de personnes que je côtoierai à Mumbai, rares se feront les profondes connexions. La plupart de mes échanges seront limités, inhibés, inanimés. J'avais conscience que mon manque de spontanéité et de fluidité lié à mon niveau d'anglais, ainsi que ma méconnaissance de l'hindi étaient des obstacles considérables qui entravaient ma liberté d'expression. Cela devait également décourager celles et ceux qui avaient parfois du mal à se faire comprendre ou à saisir l'essence de mes propos, mais le langage à lui seul ne peut empêcher les échanges de cœur à cœur. Je préfère habituellement le silence et le retrait aux discussions superficielles mais, pour le coup, les bavardages sans relief étaient souvent à prendre ou à laisser. Cela me nourrissait peu mais ne m'empêchait pas de me livrer sans retenue ni tabou à qui me posait des questions. Sans faire semblant, sans tenter d'esquiver maladroitement les chapitres sensibles, aussi nombreux qu'ils le seront.

Notre présence à Mumbai avait un effet intriguant sur tous ceux que nous croisions… elle dégageait comme un effluve de mystère et grand nombre d'Indiens ne pouvaient s'empêcher de venir à la source de cet enchantement pour obtenir des informations. Souvent intéressés mais incapables de sincérité, mes interlocuteurs ne respectaient pas les règles du jeu de cette mise à nu. J'étais seule à me déshabiller pendant que chacun veillait à préserver l'intégralité de son déguisement, sans pour autant se gêner de regarder.

Le fait que nous ayons quitté la Suisse - considérée par beaucoup d'Indiens comme étant LE pays par excellence - pour Mumbai (dont les qualités paraîtraient moins explicites) leur était souvent incompréhensible. Il leur semblait également difficilement assimilable que nous puissions être suisses sans pour autant posséder une banque, une manufacture horlogère ou une quelconque autre entreprise qui faisait immanquablement de nous des gens très riches. Et puisque les différentes classes sociales cohabitent avec des intérêts communs mais se lient rarement d'amitié, cette triste vérité sur notre statut de « simples » Suisses rendait, à la longue, mes rapports aux autres femmes de mon entourage un peu particuliers.

Nos inégalités de ressources financières et de valeurs liées à notre statut de mère et de maîtresse de maison finissaient donc toujours par être un obstacle. Plusieurs de mes nouvelles copines semblaient préserver avec exclusivité leur cercle d'amies comme si elles craignaient que je m'empare de l'une d'elles. J'acceptais alors les tête-à-tête que l'on m'offrait et les laissais à leurs nombreuses réunions groupées. Ces diverses incompatibilités n'ont pas empêché la richesse des rencontres réalisées tout du long de cette aventure. En quelques années seulement, j'étais entrée en contact avec plus de personnes que durant toute mon existence en Suisse. Il n'y avait, certes, rien d'étonnant à cela : Mumbai compte trois fois plus d'habitants que la Suisse tout entière. Je n'étais donc jamais physiquement seule, mais j'éprouvais parfois une forte solitude intérieure.

Nous fréquentions au quotidien des dizaines de résidents parmi le millier de personnes établies dans l'une des trois tours de notre espace d'habitation. À l'épicerie, en salle de sport, à la piscine, au jardin en fin de journée… chaque apparition hors de notre appartement était la promesse d'une rencontre. Nous partagions également plusieurs fois par année des moments de fête tous ensemble au bas de nos tours. Les instants de partage entre voisins étaient fréquents. S'ajoutaient à ceux-ci toutes les personnes que nous rencontrions en ville et avec qui, pour une raison ou une autre, nous échangions machinalement nos coordonnées, trouvant souvent un prétexte pour nous revoir. Quant à l'environnement de l'école, il générait à lui seul de nombreuses interactions sociales au sein des communautés de mamans. Je reconnais avoir dû fournir des efforts considérables pour intégrer certains clans existants… mais je devais bien cela aux enfants…

Notre vie sociale pouvait être riche et intense, mais elle était toutefois très irrégulière. Certains mois de l'année étaient propices aux rencontres : de janvier à avril, nous étions toujours très occupés. Il arrivait même que nous soyons épuisés par des enchaînements de visites, de mariages, de réceptions, de célébrations religieuses et autres invitations auxquels nous étions conviés. Puis, soudainement, nous pouvions traverser de longues semaines de tranquillité absolue, sans aucune sollicitation extérieure. Ces périodes-là faisaient alors naître et renaître ces impressions d'exclusion, avec le sentiment de ne plus vraiment appartenir à une société, ni là-bas, ni ici, ni nulle part ailleurs.

Mon mari demeurait mon plus grand confident, mais j'avais parfois besoin d'une amie.

Ce vide cherchera à être rempli. Ces manques à être compensés. J'apprends alors à me recentrer. Effectivement, la seule personne toujours partante pour de profondes et enrichissantes réflexions sur la complexité de mon quotidien n'était autre que moi-même. La communication avec le monde extérieur semble s'interrompre afin de permettre une introspection. Ce sont les prémices de mes longues conversations intérieures. Mon esprit devient un précieux compagnon lors de ces « quarantaines ». Cela m'offre l'opportunité de me (re)découvrir, d'entrer en contact avec un nouveau moi, profondément, intensément, de façon inédite.

La solitude n'est pas l'absence de compagnie, mais le moment où notre âme est libre de converser avec nous et de nous aider à décider de nos vies.

- Paolo Cœlho

Cette solitude explique d'une certaine manière pourquoi et comment j'ai manifestement dénaturalisé les relations que j'entretenais avec les jeunes femmes qui travaillaient et vivaient chez nous. Je pense qu'elles éprouvaient elles aussi, à nos côtés, une forme de solitude de par leur présence exclusive au sein de notre foyer. J'avais parfois l'impression que nous pourrions devenir, l'une pour l'autre, cette amie qui semblait nous manquer… « Pourquoi pas ? »

Parce qu'il était maladroit d'imaginer pouvoir changer, à moi toute seule, la nature de ces relations. Je croyais en un autre partage, en une collaboration moins empreinte de cette hiérarchie castisée et en une chance de voir naître une complicité saine et naturelle malgré tout ce qui nous séparait. Mais en défiant ces règles sociales, je commettais l'irréversible erreur de les laisser pénétrer dans mon intimité, de m'impliquer émotionnellement en faisant de ces jeunes indiennes des confidentes, placée sur un pied d'égalité. Je ne me sentais pas très différente d'elles.

Elles vivaient avec nous, dans leur « espace privé » prévu pour le personnel de maison. La taille et le confort de la pièce qu'il est normal de leur attribuer dans des immeubles de ce standing me faisaient honte. Les cinq mètres carrés incluant les machines à laver, un sanitaire et une arrivée d'eau froide pour leur toilette sont généralement prévus pour l'ensemble des employés. Nos filles étaient alors « privilégiées » en bénéficiant de ce ridicule périmètre pour elles toutes seules. Cette réalité demeure, à mes yeux, incompréhensible. Mais il en est ainsi et il est vrai que cette infrastructure dérisoire représente déjà une forme de confort pour beaucoup de ces personnes qui n'ont même pas l'équivalent en termes d'espace d'habitation personnel à l'extérieur de leur lieu de travail.

En leur offrant des privilèges pour améliorer leur confort, j'étais responsable de la distorsion de nos relations, l'architecte de notre dysfonctionnement. Nos fondations étaient inappropriées au terrain local, je ne pouvais attendre d'elles qu'elles ajoutent le ciment nécessaire au maintien de chaque pierre bringuebalante que je m'entêtais à poser.

Je le savais, mais j'étais pourtant incapable de garder mes distances et de les laisser « à leur place » comme me le répétaient sans cesse mes voisines. Si je ne pouvais changer la manière qu'avait mon entourage de cohabiter avec ses employés, je me sentais légitime de traiter qui vivaient sous mon toit de la même manière que j'aurais aimé de tout mon cœur que d'autres agissent avec ma propre fille si notre incarnation avait été similaire à la leur.

J'essayais, difficilement, de garder un peu de distance. Je m'efforçais, douloureusement, de chercher comment les laisser « à leur place »… mais qui pouvais-je bien être pour penser que « leur place » était le sol de la cuisine pour manger leur repas froid quand notre table à manger était prévue pour six personnes et que nous n'occupions que quatre chaises ? Comment pouvais-je admettre que « leur place » implique qu'elles doivent se laver avec un seau d'eau froide au-dessus d'un trou leur servant de WC, alors que notre appartement comptait suffisamment de salles de bain pour qu'elles puissent bénéficier d'un minimum d'intimité et de quelques gouttes d'eau chaude ?

J'avais créé nos propres règles internes. En contrepartie de mes conditions - que j'estimais généreuses et respectueuses - je me permettais de ne pas adhérer à quelques pratiques usuelles comme celle de les laisser dormir avec mes enfants. Effectivement, cette idée de cododo avait déclenché en moi une alerte rouge. J'étais partisane d'une cohabitation spontanée et joviale, mais il était hors de question qu'elles partagent la vie nocturne de mes petits. Cela les contrariait grandement. Mes initiatives bienveillantes n'auront définitivement pas été concluantes et je ne pense pas non plus qu'elles aient apprécié la qualité du temps qu'elles auront passé au sein de notre famille au vu des déceptions que j'éprouverai à l'égard de leurs actes.

Les personnes auxquelles je m'attachais finissaient presque toutes par disparaître. Leur départ laissait derrière elles une empreinte impossible à oublier, et parfois une forte impression de vide, d'abandon, de frustration. Un sentiment d'inconfort, proche de celui que l'on ressent face à la scène finale d'un film qui nous laisse perplexes.

Trois femmes auront particulièrement marqué mon histoire. Chacune d'elles a joué un rôle important le temps de sa présence à Mumbai et je leur en suis infiniment reconnaissante. Nous entretenons aujourd'hui encore une amitié sincère qui me rappelle constamment à cette étape inoubliable de ma vie.

Ma toute première histoire de cœur a été cette inestimable rencontre avec Esther (ma voisine de l'étage d'en dessus) devenue un pilier, une présence réconfortante en plus d'être une source intarissable de précieux conseils et adresses insolites. Son séjour à Mumbai a également duré trois ans, le temps du mandat professionnel que son mari devait exécuter sur place. Nous n'avons pu nous fréquenter que quelques mois, mais ils ont suffi pour nous lier et me marquer de son empreinte unique de positivité. Rien ne semblait pouvoir l'arrêter, elle me donnait l'impression d'avoir trouvé une harmonie entre ses désirs et sa réalité, et de ne jamais tergiverser avant de passer à l'action. Elle était toujours joyeuse et, à la différence de tant d'autres expatriés, ne passait pas son temps à se plaindre de tout ce qui lui était désagréable, sachant plutôt se tourner vers tout ce qu'elle trouvait de beau et d'enrichissant autour d'elle, où qu'elle se retrouve. En toute simplicité et pour notre honnêteté réciproque, j'aimais la savoir tout près. Il me faudra plusieurs semaines pour réapprendre à vivre sans elle, car définitivement sa présence m'était douce et bénéfique.

Avec mon amie Peggy, l'une des seules personnes avec qui je pouvais librement parler en français, j'ai appris à goûter aux plaisirs de vivre dans l'instant présent… un acte banal qui m'échappait tristement. J'admirais sa capacité d'accueillir avec douceur certaines réalités douloureuses auxquelles j'avais l'habitude de réagir avec colère. Elle me faisait délicatement rouvrir les yeux sur ces petites choses de notre quotidien qui, devenues tellement évidentes, se réduisent souvent à l'invisible. Le seul point commun que nous semblions avoir, de prime abord, était que nous avions chacune deux enfants et que nous étions des épouses complices, prêtes à effectuer quelques sacrifices pour laisser nos maris réaliser leurs projets professionnels. Aussi, avions-nous de la même manière quitté un certain confort pour nous retrouver soudainement face à un avenir incertain au cœur de Mumbai. À ces détails près de nos vies respectives, nous étions très différentes et les raisons qui nous avaient attirés en Inde étaient totalement opposées. Alors que nous étions venus conquérir une part du marché indien, elle et les siens aspiraient à vivre plus simplement et à trouver une certaine paix intérieure. Nos chemins devaient se croiser et nous apprendre combien, finalement, nos besoins étaient similaires : briser des schémas de vie qui ne nous convenaient plus, nous reconnecter à nos ressources et nous libérer en accédant à un autre niveau de conscience. Nous ne savions pas réellement au-devant de quoi nous allions nous retrouver, mais nous étions loin de mesurer combien les bénéfices d'une telle rupture avec nos vies d'antan allaient nous porter, au-delà de toute espérance. Nos échanges étaient riches et nos pensées souvent ne faisaient qu'une.

Quant à ma précieuse connexion avec Nalini, d'origine indienne, le temps que nous partagions me revitalisait. J'avais l'impression que nous nous connaissions depuis toujours. Elle m'enseignait l'art de se positionner et de se protéger lors de conflits, afin de contourner ce qui, en temps normal, déclenche des réactions mécaniques liées à nos blessures intérieures. Elle me disait toujours que si nous ne pouvons changer celui ou celle qui nous blesse, il nous appartient néanmoins de choisir comment accueillir ses actes, et de décider d'y accorder ou non de l'importance. J'entendais par là « Tu es la solution à ton problème ». Cette idée me plait énormément et me donnait de la force.

Nalini s'était révélée être l'une de ces quelques personnes avec qui l'amitié est une évidence. Quelqu'un qui sait offrir à son interlocuteur une profonde attention et une écoute imperturbable. L'écoute est une qualité que j'apprécie particulièrement, c'est un cadeau, c'est dire à l'autre « Tu n'es pas seul ! ». C'est être généreux. Le petit sourire bienveillant et apaisant qu'elle m'offrait en fin de phrase était un détail qui pouvait sembler banal, mais je le recevais comme un autre acte de générosité qui allait de pair avec tout ce qu'elle entreprenait, à chaque fois qu'elle le pouvait, pour me venir en aide.

Ces amitiés m'ont procuré soutien et réconfort durant les moments difficiles. Elles m'ont également accompagnée et aidée, chacune à leur manière, à comprendre comment extraire, interpréter puis utiliser le puissant élixir instructif qui émane de chaque nouvelle épreuve. Ensemble, nous déverrouillions de nombreuses petites portes qui, les unes après les autres, se sont ouvertes sur des champs fertiles et propices à mon évolution personnelle.

Si réellement nous avions ressenti le besoin de faire partie d'un groupe, nous aurions pu emprunter une voie rapide et directe, mais nous avions choisi de suivre un autre chemin que celui qu'explorent la plupart des expatriés. Nous constations qu'à peine arrivés dans leur nouvel environnement, leur premier réflexe était immanquablement d'entrer en contact avec les différents réseaux d'expat' ou autres étrangers potentiellement déracinés. Pendant les deux premières années, nous sommes restés à l'écart des clubs, des fêtes et de toute autre réunion « communautaire ». Nous essayions de nous imprégner le plus possible de l'authenticité du pays. Nous avons tout de même participé à deux reprises à la fête nationale suisse célébrée chaque année dans la résidence du consul général suisse, en compagnie de concitoyens helvétiques installés provisoirement à Mumbai. À la fin de notre long séjour, nous avons également pris part à quelques événements, plus par curiosité et amusement que par intérêt. Je dois avouer que nous ne cherchions pas autrement à passer du temps avec les autres étrangers de la ville. Nous avons de ce fait longtemps ignoré touts les grands axes qui nous menaient à ces rassemblements, jusqu'à l'arrivée d'une famille suisse romande qui habitait tout près de là où nous avions grandi et qui nous avait contacté après notre passage à la télévision. Il était amusant d'échanger nos impressions sur notre environnement lors de nos rencontres. Nous avons même fini par apprécier le partage occasionnel d'un verre ou d'une fondue avec quelques compatriotes appartenant à la petite cellule suisse établie dans la métropole.

J'étais devenue un peu moins réfractaire à l'idée de trouver un équilibre et un soutien auprès de personnes pouvant être exposées aux mêmes difficultés, incompréhensions et doutes qu'occasionne forcément par moment un statut d'expatrié. Je comprenais mieux, au fil du temps, quels pouvaient être les bénéfices recherchés par toutes ces communautés qui entretiennent d'étroites relations avec leurs confrères. Je ne pouvais ignorer plus longtemps quelle avait été l'importance de la présence de mes trois amies citées un peu plus tôt. Nous nous échangions une forme de reconnaissance face à tous les efforts et à la vaillance que cette étape de nos vies nous demandait et, plus généralement, face à l'envergure du travail d'adaptation que cela exige d'un allogène pour s'intégrer au fonctionnement local. Voilà peut-être, simplement, ce que les gens déracinés recherchent au sein de ces microcollectivités : de la reconnaissance.

Effectivement, malgré tout le plaisir et la volonté que l'on peut mettre au service d'une adaptation dans un pays aussi unique que l'est l'Inde, quiconque se retrouvant soudainement noyé dans le système indien traversera des phases épuisantes et des instants de désarroi. Dans ces moments-là, il est illusoire de trouver une oreille compatissante auprès des autochtones. Je ne pouvais reprocher à mes interlocuteurs locaux d'être habitués à l'environnement dans lequel ils me voyaient me débattre. Ils y avaient leurs racines et, de ce fait, ne se heurtaient pas aux mêmes obstacles que moi. Ils percevaient l'univers qui nous entourait avec un semblant de normalité et nous n'avions simplement pas la même perception des choses. C'est pourquoi il m'était aussi difficile de leur transmettre la complexité de mes ressentis qu'il leur était difficile de comprendre nos « dysfonctionnements » et les raisons de certains de nos besoins. Il devenait alors évident que si ceux qui vivaient autour de nous ne mesuraient pas réellement ce à quoi nous devions faire face, le niveau de confusion devait être élevé dans l'esprit de nos familles et de tous ceux qui étaient restés au pays. Ils n'avaient aucune idée de l'ampleur de notre guerre, du nombre de batailles menées ni du poids de nos défaites. Nous n'étions pas trop bavards sur les détails des nombreuses contrariétés qui rythmaient le cours de notre histoire et essayions de faire bonne figure pour ne pas donner l'impression que nous sombrions, que nous n'étions pas à la hauteur de notre engagement ni en mesure d'assumer les difficultés liées à notre défi. Parfois, quelques larmes venaient trahir mon semblant de « tout va bien » lors de communications audiovisuelles avec ma mère, dont la voix et le visage avaient un effet purgatoire. Cette connexion pouvait, d'un seul coup, violemment, me reconnecter à une part de fragilité que j'avais tendance à occulter. Sinon, nous nous contentions généralement de transmettre l'information qu'effectivement tout allait bien. Cela laissait supposer que nous survivions aux différents prédateurs rôdant autour de nous : canicule, inondations, maladies, viols collectifs, trafics d'organes ou je ne sais quel autre cliché ordinairement associé aux dangers liés à ce pays.

Nos proches perdaient rapidement le fil concernant la mise en place d'une activité professionnelle. Nous les tenions informés des étapes importantes liées aux quelques projets qui dépassaient le stade embryonnaire, mais ils ignoraient l'existence des innombrables aléas de notre difforme et épuisant parcours. J'avais parfois la désagréable impression de devoir me justifier face aux opportunités et tentatives échouées. Je savais qu'en plus de la confusion que créaient nos « inquiétantes » tribulations dans leur esprit s'ajoutait une frustration mesurable quant au fait que nous ne donnions aucune indication sur la durée probable de notre absence. Personne n'avait imaginé que nous partirions un jour, encore moins d'une manière aussi précipitée. Pire encore, personne ne savait pour combien de temps nous resterions éloignés d'eux. Ce qui impliquait, pour nos familles, de ne pas voir grandir nos enfants. Je ne sais pas si cette inconnue liée à la date de notre rentrée était perçue comme quelque chose d'interminable et douloureux ou plutôt comme une probabilité avantageuse de nous voir revenir à tout moment. Je pensais à ma mère, et parfois me mettais à sa place en imaginant perdre, à mon tour, ce semblant de « contrôle » que je détiens encore, d'une certaine manière, sur mes enfants. Un jour peut-être devrai-je moi aussi faire face, sans m'être préparée, à cette forme d'impuissance lorsque l'un de mes petits devenus suffisamment grands me dira : « Je pars », sans me laisser le moindre outil magique qui puisse le retenir à mes côtés ou, simplement, me rassurer durant son absence. Nous n'avions rien à offrir à quiconque pouvait avoir besoin de repères pour se réjouir d'un retour. Laisser l'autre s'en aller est une grande preuve d'amour et de générosité. Tous, autour de nous, détiennent ces richesses-là.

Vivre un jour après l'autre, en s'accrochant au champ des possibles, est un bon moyen de rester positif face à l'inconnu. Nous étions nous-mêmes déconnectés de toute prévision, nous improvisions chaque instant de notre existence et ne pouvions faire autrement que de nous concentrer exclusivement sur le présent pour mettre en place un futur. Pour la première fois, nous nous autorisions à faire abstraction du bien-être des autres et à ne prendre en compte que nos besoins. C'était le seul moyen pour avancer. Nous avons essayé de rythmer nos venues au pays afin que nos enfants puissent passer un peu de temps avec nos familles tous les six à huit mois. Ces retours en terre vaudoise nécessitaient une importante logistique que je n'aimais pas particulièrement entreprendre. Aussi devais-je faire des choix et, en quelque sorte, par rapport à ce qu'étaient mes croyances, répondre à d'éventuelles expectatives. N'ayant plus de logement en Suisse, nous nous installions principalement chez nos parents. Nous étions reconnaissants de l'accueil qu'ils étaient toujours prêts à nous offrir et essayions mutuellement de ne pas trop empiéter sur l'indépendance des uns et des autres. Nous apportions une autre dynamique à l'environnement de nos hôtes et avions parfois l'impression d'être de vrais envahisseurs. Dans ce genre de situation, et avec les meilleures intentions du monde, il était fréquent que chacun interprète à sa manière les besoins et les attentes des autres sans oser verbaliser ses propres envies. Alors j'essayais de trouver une juste mesure entre ne pas nous imposer à plein temps dans le quotidien de nos familles et profiter de rattraper le temps manqué tous ensemble. Mon mari et moi nous voyions très peu, il avait un programme toujours bien chargé entre son établissement et ses différents projets. Le partage des enfants était un module à part entière dans notre organisation, nous pouvions heureusement compter sur leur flexibilité. Parfois les dates prévues pour un retour se définissaient autour d'un événement important, d'autres fois, nous arrivions presque à l'improviste tellement il pouvait être compliqué, selon les périodes, de planifier une absence.

Nous aimions autant le moment d'arriver que celui de repartir après une proximité intense et ininterrompue avec tous ceux que nous voulions revoir. Nous rentrions toujours épuisés. Partagés entre un sentiment de tristesse de quitter ceux que nous aimons et que nous ne reverrions pas de sitôt, et heureux de nous retrouver, juste nous quatre, envahis d'une joie particulièrement apaisante lorsque nous réalisions que nous rentrions « à la maison ». Nos adieux se déroulaient dans un tout autre niveau d'intimité, de proximité et de pudeur que durant nos retrouvailles. À notre arrivée, je saisissais que chacun avait besoin d'un court instant pour entrer plus librement en contact physique avec l'autre, pour briser ce petit moment de malaise, cette atmosphère soudainement indescriptible qui fige la réunification en quelque chose d'impalpable, d'inconnu, de presque maladroit. C'est une étrange sensation, très éphémère, donnant l'impression de pénétrer dans une zone inhabitée dans laquelle nous ne trouvons de premiers repères. Et puis très vite, l'énergie change et les barrières tombent. C'est interpellant quand cela se passe avec un membre de sa famille avec lequel on se sent très proche. Comme si l'empreinte de la séparation prenait un instant pour s'évaporer et laisser l'autre se reconnecter à soi. Les aurevoirs se faisaient sans retenue ni distance. On pleurait, on se serrait fort, on se disait qu'on s'aime et le reste se lisait dans les regards.

En vérité, malgré l'émotion que j'éprouvais toujours au moment de m'en aller et de quitter ceux qui me sont chers, je me réjouissais secrètement de l'instant où je refermerai mes valises remplies de chocolat et autres précieux biens pour rentrer chez nous. Ces allées et venues entre nos deux pays me faisaient réaliser à quel point l'Inde était devenue un environnement propice et nourrissant pour mon esprit à cette période de ma vie. Et ce, malgré les difficultés et indépendamment de tout l'amour et le respect que j'éprouve pour mon pays d'origine et les miens.

Nous aurons aussi de nombreux visiteurs durant notre périple au cœur de la métropole indienne. Leurs venues n'étaient jamais bien réparties sur l'année. Il était habituel qu'elles s'enchaînent durant les saisons au climat agréable, c'est-à-dire hors des périodes de canicule ou de mousson. Nous faisions ainsi office de maison d'hôtes de début octobre à la mi-avril. Le programme que nous réservions à nos invités dépendait de leurs centres d'intérêt respectifs. Nous essayions toujours de les surprendre et de leur faire ressentir ces fameux contrastes, bien qu'il suffisait généralement de les mélanger à la population omniprésente pour que la magie opère et qu'ils en aient plein les yeux. Leur séjour comprenait des visites, de beaux partages gastronomiques et des discussions ininterrompues jusqu'au petit matin en nous désaltérant au Chai (qu'importait l'heure que nous vivions). J'adorais ouvrir mon univers à celles et ceux qui se donnaient la peine de traverser vents et marées pour venir jusqu'à nous. Parfois leur voyage était semé d'embuches, ils arrivaient épuisés... je savais alors qu'ils repartiraient épuisés. Leur arrivée était dans tous les cas un moment de fête. Chaque visite comptait énormément pour chacun de nous, cela représentait une opportunité unique de vivre des instants de complicité qui ne se seraient peut-être pas offerts ailleurs ni autrement.

À tour de rôle, ils ont pu comprendre au travers de chacun de leurs sens l'intensité de tout ce qui nous entourait et l'atmosphère au milieu de laquelle nous nous épanouissions. C'était excitant de les faire entrer dans notre incroyable univers et de partager quelques fragments de notre histoire. Je me régalais des fois où nous accédions ensemble à la complexité extravagante de ces ineffables situations qui n'appartiennent qu'à Mumbai. Ces instants volés ont gravé en nous de puissantes images que même le temps ne pourra effacer.

Nos hôtes repartaient habituellement touchés, émus et surpris de manière positive. Plusieurs ont récidivé leur grand voyage pour venir goûter à d'autres de nos aventures. Cependant, je ne crois pas qu'un seul d'entre eux aurait supporté d'échanger sa vie contre la nôtre. La seule personne qui n'appréciera pas particulièrement l'air de la ville est mon père. L'air de Mumbai semblait l'oppresser. Sa première nuit chez nous sera rédhibitoire. Je lui avais interdit d'ouvrir la fenêtre pour dormir afin de nous préserver des moustiques. Il aura l'impression d'étouffer toute la nuit. Il se lèvera alors de bonne heure pour trouver un endroit où boire un café et lire le journal. Mais il était trop tôt, la puissante machine économique était encore endormie. Il se promènera un moment au milieu des ruelles inanimées et silencieuses, comme repliées sur elles-mêmes, avant de rentrer bredouille, l'air dubitatif. Il est vrai que notre quartier ne se prêtait pas du tout à ce genre d'évasion ni à aucune autre activité sociale ou ludique. Et de manière générale, il est plus courant de boire un Masala Chai debout en pleine rue que de s'installer dans un établissement pour savourer un expresso. Mais finalement, cette infructueuse balade matinale n'était qu'un détail face à la pollution, la surpopulation, le trafic ainsi que ce manque d'air frais et d'autonomie qui lui semblaient à peine supportables. Rien de surprenant pour cet amoureux de la nature, cet hypersensible aux énergies terrestres qui apprécie les bienfaits du silence.

En dehors de nos amis et de la famille, nous aurons la chance d'accueillir des personnes que nous n'aurions jamais pensé voir arriver. Nous recevions tout le monde à la maison, sans exception, c'était génial de cohabiter tous ensemble. Je n'ai jamais insisté pour faire venir qui que ce soit, mais j'étais toujours prête à ouvrir ma porte et à offrir un lit à quiconque désirait nous retrouver quelques jours.

J'essayais d'entretenir un contact avec celles et ceux qui étaient restés en Suisse, mais lorsque nous traversions des périodes vraiment difficiles, je préférais alors le silence à l'idée de devoir rendre des comptes. Je privilégiais les moments pendant lesquels je pouvais faire l'éloge de l'une ou l'autre des aventures merveilleuses que nous avions la chance de vivre plutôt que de nourrir davantage les raisonnements sceptiques de tous ceux qui ne détenaient qu'une vision superficielle de notre situation et qui, de ce fait, ne pouvaient comprendre les raisons de notre ambition, ni celles de notre acharnement.

Les occasions qui déclenchaient une envie de partage étaient nombreuses, particulièrement lorsque je me retrouvais de longues heures emprisonnée dans des embouteillages à contempler de près ou de loin de captivants enchaînements de spectacles de rues. J'éprouvais souvent cette envie de prendre mon téléphone et composer un numéro familier, afin de raconter, de transmettre cette incroyable histoire que j'étais en train de vivre seule, mais différents facteurs m'empêchaient de répondre à cet élan. Cette surcharge de moments forts et de visions marquantes que j'emmagasinais venait alimenter ce besoin de griffonner à tout moment anecdotes et réflexions. Je devais immortaliser l'instant. L'écriture devient mon outil de prédilection. L'instabilité des différents réseaux rythmait la cadence des appels gratuits qui nécessitaient une connexion internet. Quant aux appels internationaux depuis nos téléphones portables ou lignes fixes, ils étaient trop chers pour pouvoir en faire usage avec spontanéité. Mais ces excuses ne représentaient que la raison technologique de la fréquence des communications que j'entretenais avec l'Europe. J'étais confrontée en permanence à une entrave plus imposante encore, d'ordre géographique : le décalage horaire. Celui-ci nous plongeait dans un autre espace-temps. Bien qu'il ne s'agisse que de trois ou quatre heures et demie de décalage selon les périodes de l'année, cela suffisait pour que nous ne soyons pas rattachés aux mêmes périodes de la journée. Aussi insignifiant que cela puisse en avoir l'air, ce détail nous rendait souvent indisponibles à tour de rôle. Chacun d'entre nous était pris dans son train de vie, le mieux était alors de fixer un rendez-vous. Cela nécessitait une organisation minutieuse et nos conversations n'avaient guère la magie des moments improvisés et spontanés. Alors nous faisions simplement tous de notre mieux pour nous témoigner mutuellement, et chacun à sa façon, que nous ne nous oubliions pas.

Une absence prolongée engendre inévitablement une mise à l'épreuve des relations. Il y a des personnes avec qui la distance influence peu la fréquence de contact et la richesse des partages. Avec d'autres, cette séparation physique crée comme une rupture provisoire.

Je suis tombée un jour par hasard sur une citation de Ludovic Lesven :

> « La vie est un long champ à cultiver. Voyager c'est y semer la diversité de la terre. Voyager c'est l'embellir des couleurs du monde. »

J'ai envie d'ajouter à cette vérité qu'il est difficile d'entretenir plusieurs champs en même temps sans laisser faner quelques fleurs. Mais puisque la vie est faite de cycles qui se répètent et s'enchaînent sans fin, il nous appartient toujours de choisir les bourgeons que nous voulons soigner avec délicatesse pour les voir refleurir.

Quelle que soit la nature des liens qui persistent lors d'une séparation physique, le temps nous apprend à vivre sans l'autre, différemment. Le manque demeure mais on l'accepte, on l'apprivoise, on finit même par s'habituer à l'absence de ceux qui nous sont chers. La solitude et l'ennui des miens m'ont aidée à comprendre que ce sentiment est essentiellement lié à la notion temporelle que nous imposons à toutes choses, selon des repères créés par l'homme. Cette fragmentation du temps nous renvoie parfois à l'impatience, à la frustration et au sentiment d'impuissance. L'être humain est le seul être vivant à s'être emprisonné dans cette mesure qui l'incite au stress, alors que rien ne presse.

Beaucoup de gens ont le sentiment de manquer de temps... Se pourrait-il que cela ne soit qu'une illusion générée par le peu de sens et de valeurs qu'ils accordent à celui dont ils disposent ?

J'étais partie à l'aventure les valises remplies d'égo, agrippée à des valeurs pour la plupart superficielles, pleine d'illusions, égarée et totalement déconnectée de mes réelles prédispositions. J'ignorais ce que m'apporterait cette soudaine rupture avec mon écrin initial. Je n'avais à l'esprit qu'une envie de changement et de distance, d'aventures et de nouvelles acquisitions. Je n'avais pas été en mesure, jusqu'alors, de prendre conscience de tout ce qui se cachait à l'intérieur de ma carapace. Je n'avais d'ailleurs jamais fait attention à cette carapace. Je ne vivais qu'à la surface d'un vaste océan aux profondeurs encore inexplorées, attirée par l'immensité de l'horizon qui scintille et qui laisse présager l'existence d'inestimables trésors. Je ne prêtais guère attention au souffle du vent qui me suggérait de changer de cap, de chercher en moi la lumière qui pourrait me guider, de jour comme de nuit, et enfin donner un sens à cette longue traversée. Mon mari et moi étions seuls à croire en notre quête. Nous répondions à un puissant appel, rien ne semblait pouvoir nous arrêter. Nous pensions que la croisière s'effectuerait sur le pont d'un magnifique voilier et non à bord d'un sous-marin. Mais notre destinée nous réservait une expédition en abysse plutôt qu'une traversée au soleil. De ce fait, j'acceptais l'idée de faire l'objet de jugements, je n'avais pas entrepris un tel voyage de corps et d'esprit pour m'égarer face aux incompréhensions que nous susciterions. Mais en contrepartie, je ne supportais pas d'être réduite à devoir me justifier face à nos choix, face à ce que nous acceptions de vivre par conviction, ou encore face au fait que nous poursuivions notre défi sans nous résigner. Effectivement, tout le monde attendait de pied ferme le moment où nous retrouverions la raison et rentrerions au pays, ou alors celui où nous pourrions enfin crier victoire. Mais notre persistant silence symbolisait le non-aboutissement de notre mission. Il aurait pourtant suffi que nous atteignions rapidement de meilleurs résultats liés à nos différents investissements pour que notre démarche soit alors perçue comme méritante, mais les inévitables difficultés rencontrées et le temps infructueux qui passait donnaient du crédit aux nombreux « J'vous l'avais dit »…

J'aurais eu besoin - j'aurais dû - à un moment donné, m'offrir la permission d'accueillir un sentiment de fierté face à notre parcours. Pour cela, il aurait fallu que je parvienne à redéfinir plus tôt ma perception de la « Réussite », changer de références afin de revaloriser la dimension humaine de notre expérience, plutôt que de ne la mesurer qu'à une avilissante dimension pécuniaire. Mais la pensée a besoin d'épreuves à travers lesquelles se frayer un chemin pour évoluer… J'aurais alors apprécié chaque jour, à sa juste valeur, notre grande histoire. J'aurais su reconnaître ce qu'est une vraie « Victoire ». J'aurais embrassé la nôtre, qui a été d'avoir tenté notre chance jusqu'au bout, sans faiblir. D'avoir eu l'audace de répondre à cet appel du large et d'affronter l'inconnu. D'avoir eu le courage de mettre en péril tous les éléments qui contribuaient à une stabilité dans notre vie, et d'avoir osé, simplement osé partir et franchir nos présumées limites. Alors oui, j'aurais accueilli fièrement chaque journée passée à Mumbai comme un privilège et un accomplissement à part entière, et il y aurait même eu une petite place pour que je salue la résistance de notre couple face aux épreuves que nous enchaînions.

Ce n'est qu'une fois rentrée en Suisse que j'ouvrirai les yeux sur cette profonde confusion qui m'avait, jusqu'ici, maintenue dans une importante frustration. Je comprends aujourd'hui que le succès se cache parfois là où on ne le cherche pas, dans l'ombre de nos illusions.

La Réussite est
un état d'esprit.
Elle appartient
à tous ceux qui
ont osé dépasser
leurs limitations.
Il ne s'agit pas
de résultat ni
d'acquisition, mais
d'une capacité à
faire bon usage
de ses leçons,
sans jamais
confondre échec et
humiliation.

Plus j'explorais de terrains en dehors de ma zone de confort, plus je me sentais détenir les capacités de défier toute résistance. Alors, plus rien ne pouvait délimiter ce que pouvait être mon existence. De nature audacieuse, j'ai toujours essayé de ne pas laisser mes ambitions être entravées par des limites que les principes ou la « normalité » imposent.

J'étais habitée par une force qui ne laissait de place ni à la peur ni à l'intimidation. Les pics d'émotions et de joies profondes ainsi que les instants d'excitation et d'adrénaline que j'éprouvais m'ont permis de rester positive et persévérante jusqu'au bout. Ce que j'aimais plus encore était ces infinies possibilités que m'offrait notre aventure. Bien qu'il ne s'agissait pas d'un jeu, c'était un peu comme recommencer une nouvelle partie en ayant changé de personnage : j'étais libre d'être qui je voulais être. C'était une chance inouïe, une opportunité qu'il fallait saisir avec pleine conscience.

Quel sentiment exquis que de jouir du luxe de n'être « personne » durant une période de sa vie! Pas de passé, pas d'antécédent ni d'étiquette qui vous colle à la peau. Nul ne sait qui vous êtes, vous apparaissez soudainement anonyme et mystérieuse. L'anonymat, dans ce contexte-là, offre comme une seconde chance, une seconde peau, mais aussi l'opportunité de se mettre à nu en découvrant, en assumant qui l'on est derrière son déguisement. Bien entendu, cette condition est éphémère, mais elle suffit à faire tomber les masques et à se reconnecter avec sa vraie identité. L'occasion de devenir d'un seul coup qui l'on décide d'être aux yeux du monde, d'autoriser ce qui nous habite et nous bouscule de l'intérieur à s'exprimer plutôt que de continuer à faire semblant pour répondre aux attentes. Être libre.

Tu trouves la liberté lorsque tu comprends que ton rôle n'est pas d'éblouir le monde, mais de l'éclairer, à l'ombre du regard des autres.

Le fait de se retrouver ailleurs ou d'intégrer une nouvelle société s'apparente à une renaissance. Nous plaisantions parfois avec mon mari au sujet des nombreux rôles que nous aurions aisément pu emprunter pour nourrir l'imagination et la curiosité des « locaux » pour qui notre présence à Mumbai regorgeait de mystère.

Notre anonymat ne suscitait toutefois pas pour autant l'indifférence. Je ne sais pas si c'était la couleur de ma peau, celle de mes yeux, ma coupe de cheveux, ma façon de m'habiller ou l'ensemble de ces critères réunis, mais quelque chose en moi magnétisait la population locale. Ces millions de gens répartis sur à peine plus de six-cents kilomètres carrés rendaient impossible l'initiative de sortir de mon appartement sans être dévisagée par quiconque croisait ma route.

Il en était ainsi. Je ne pouvais rien entreprendre sans générer curiosité, jugement ou amusement. C'était distrayant de temps à autre. Je réussissais aussi à ne pas trop y prêter attention, mais je ressentais parfois cette indiscrétion comme une forme d'agression. J'écourtais alors mes sorties, spécialement les jours où ma sensibilité et ma tolérance se trouvaient déjà être dans le rouge. Je n'étais, ces instants-là, pas non plus d'humeur à jouer à qui baissera les yeux en premier. Je gagnais aisément à ce petit jeu contre la gent féminine ou lorsqu'il s'agissait de défier le regard des enfants, souvent très amusés en me voyant, mais les hommes avaient une résistance à l'exercice qui me faisait capituler généralement bien avant eux. Je m'imposais cette forme de soumission par prudence, afin de ne pas sembler trop arrogante ou provocatrice. Je sais qu'un regard peut suffire à être interprété comme étant une invitation… il était alors préférable de faire profil bas, même si je n'avais pas autrement peur de cette imposante concentration de testostérone ni de certains de leurs regards perçants et insatiables.

L'intense densité démographique oblige les sexes opposés à vivre avec grande proximité. C'est pourquoi, afin de préserver la sécurité des femmes, des espaces leur sont attribués, et gare à celui qui enfreint ces limites. En contrepartie de quoi il est attendu de ces dernières qu'elles n'empiètent pas sur ceux réservés à la gent masculine. J'ai commis cette maladresse et en ai fait la désagréable expérience lors de mon premier voyage en Inde. L'incident s'est déroulé durant les premières vingt-quatre heures de ce fabuleux séjour que j'étais venue passer au cœur de la métropole. Quelques amis et membres de ma famille s'étaient joints à l'aventure. Mon mari et moi étions pressés de trouver un complément pour la tenue de notre célébration de mariage indien qui allait se dérouler de manière très traditionnelle au lendemain de cette journée initiatique. Nous sommes alors plusieurs à découvrir le pays pour la première fois. Nous décidons de prendre le train afin de nous déplacer rapidement. Regroupés sur le quai tel un troupeau de touristes excités et déboussolés, nous grimpons bêtement dans le premier wagon accessible. Grave erreur ! Entassés comme du bétail dans un compartiment réservé aux hommes, nous nous retrouvons instantanément séparés les uns des autres. Les règles sont pourtant strictes : je n'ai rien à faire dans cet espace. Mon apparence ainsi que l'affluence à laquelle nous sommes mêlés décuplent l'imprudence. Je me souviens encore précisément de la tête de mon frère qui me regarde, impuissant, préoccupé par sa propre sécurité puisque son corps s'est retrouvé en partie hors du train, agrippé à ce qui peut lui servir de support pour ne pas tomber ou se faire faucher par un train circulant en sens inverse. Dominant l'ensemble des voyageurs du haut de son mètre nonante, il semble amusé par l'expression de mon visage, loin d'imaginer ce que je suis en train de supporter. Au fil des arrêts, ma proximité aux autres corps s'intensifie. Du bruit, de l'agitation, une chaleur étouffante, je sens le souffle des hommes agglutinés tout autour de moi. Un indésirable corps à corps a pris possession des quelques mètres carrés saturés de chairs chaudes et moites. Je sens des mains m'effleurer… Il m'est impossible d'identifier le ou les coupables. Je n'ai pas le moindre espace où me diriger pour me soustraire à ces caresses. Nous sommes tellement serrés les uns contre les autres qu'il me semble manquer d'air. Les allées et venues entre chaque gare n'interrompent en rien cette parade. Lorsque l'un d'eux en a assez profité, un autre semble prend le relais. Mon inquiétude majeure est que l'une de ces mains baladeuses me vole mon téléphone portable placé dans une profonde poche latérale située assez bas sur ma longue jupe beige en coton. J'essaie alors de protéger cette poche droite terriblement mal placée. Je tiens bon malgré la main insistante et très humide que je sens caresser mon avant-bras. Ce n'est qu'au moment de notre libération, une fois tous descendus du train que je comprends qu'il ne s'était nullement agi de doigts moites, mais d'un sexe qui avait été en contact avec ma peau une bonne partie de cet interminable trajet. Je découvre alors avec horreur le liquide séminal de l'un de mes covoyageurs déposé sur le pan de ma jupe.

Quel accueil… J'avais hâte de découvrir cette ville et de côtoyer ses habitants, mais je n'avais à aucun moment imaginé m'immiscer ainsi dans leur intimité. Nous avons cependant été idiots d'imposer à ces hommes agglutinés les uns aux autres nos corps avec tant d'innocence. Ils demeurent nombreux à ne pas être habitués à avoir des contacts physiques avec une femme, voir à n'avoir aucune expérience érotique avec le sexe opposé. Il est fort probable que mon intrusion ait été perçue comme une provocation, une proposition à laquelle ils se sont certainement sentis légitimes de répondre puisque je commettais moi-même une sorte d'infraction des codes. Je n'excuse ni ne banalise la gravité de leurs actes, mais j'en accepte une part de responsabilité.

Je reproduirai une erreur de ce type en manquant de prudence des années plus tard dans une boutique de textile. Je laisserai entrer le conseiller de vente dans ma cabine qui se permettra une tentative d'attouchement. Je croyais innocemment en sa prétendue intention de m'aider à me draper d'un sari en dentelle noire. Quelle naïveté ! Cela s'est passé dans un quartier résidentiel proche de la première école des enfants, en attendant le moment de les récupérer. Ce sont souvent des hommes qui travaillent dans les commerces, ce sont donc à eux que l'on s'adresse en cas de besoin pour mettre en place ces parures indiennes (qui nécessitent une certaine dextérité pour que le drapé soit beau et solidement maintenu). Sans raison particulière, le vendeur m'avait poliment rejoint dans mon espace d'essayage alors que je rencontrais des difficultés à me vêtir. Et moi, sans raison de me douter de sa bienveillance, je l'avais toléré dans ce petit espace clos. L'épisode aurait été des plus banal s'il n'avait pas plongé sa main à l'intérieur de mon pantalon «taille basse», n'hésitant pas à franchir également mon sous-vêtement au moment de replier la longue extrémité de dentelle à l'intérieur de mon vêtement. Techniquement, son intention était juste… mais constatant que cet ouvrage allait s'effectuer sur ma tenue «occidentale» et au vu du volume et de la longueur du tissu à rabattre, je n'aurais jamais dû le laisser se charger de cette dernière étape. Je l'ai violemment chassé et me suis échappée du magasin, sans même aller rapporter ce qui venait de se passer au gérant ou à quiconque d'autre qui m'aurait certainement écoutée. Poussée par un instinct de retraite, comme un animal blessé qui cherche un refuge, j'ai fui plutôt que de contre-attaquer. Je me suis sentie terriblement coupable d'avoir toléré la présence de ce prédateur dans ma cabine. Coupable d'avoir laissé mon pantalon placé si bas plutôt que d'enfiler le jupon adéquat sensé se porter au-dessus du nombril. Coupable d'avoir, d'une manière ou d'une autre, laissé une ouverture pour qu'il ose cette initiative.

La vie m'apprenait à aiguiser mes aptitudes sensorielles et à prendre conscience de mon langage corporel. La ville, elle, m'enseignait comment déchiffrer celui de mes nouveaux confrères et où poser mes nouvelles barrières. Toutefois, la métropole m'inspirait confiance. L'omniprésente figure masculine ne représentait pas, à mes yeux, une menace. Au contraire, plus il y avait de monde dans les rues et plus je me sentais rassurée. J'ai côtoyé des milliers d'hommes quotidiennement et n'ai que rarement été importunée. Je me répétais toujours que si l'un d'eux, un jour, parmi ces millions d'individus me mettait en danger publiquement, il y en avait suffisamment d'autres tout autour pour me venir en aide. J'ai suffisamment été témoin de leur esprit d'entraide et de gestes bienveillants pour savoir que je vivais parmi une grande majorité de gens bons. De plus, différents groupes plus ou moins politisés «règnent» sur la ville et agissent pour assurer et maintenir une sorte d'ordre et une sécurité générale, faisant de ce territoire un endroit de l'Inde facilement praticable, même pour une femme seule. Cependant, il faut reconnaître qu'au quotidien, la présence d'un homme à ses côtés est rassurante et facilite de nombreuses démarches.

Durant les deux premières années, hormis quelques courts déplacements exceptionnels à l'extérieur de la ville pour des raisons professionnelles, mon mari n'était jamais bien loin. Puis un impératif l'a rappelé en Suisse.

Pour la première fois, je me retrouve dix jours seule à Mumbai. Cette perspective ne me réjouit pas mais je me sais capable de survivre à cette nouvelle forme de solitude, même si cela implique que je doive endosser des responsabilités qui habituellement ne sont pas de mon ressort. Toutes sortes d'événements extraordinaires semblent avoir comme « attendu » son départ. Est-ce ce que certains appelleraient la synchronicité ? D'autres évoqueraient simplement le hasard…

Le minutieux enchaînement de circonstances qui m'attendait ne me laissera aucune échappatoire. Un important programme de fin d'année scolaire ainsi que d'inquiétantes préoccupations liées à la santé des enfants me confronteront à un sentiment d'extrême vulnérabilité. Sans chauffeur, les nombreuses allées et venues nocturnes que cette période charnière nécessite me réservent ma pire expérience. Si la ville m'inspire confiance durant la journée, je ne l'avais encore jamais défiée seule de nuit. Jamais. Il était temps que je rencontre la peur. Celle qui te fait trembler, transpirer, celle qui te donne envie de vomir. Ce soir-là, pour la première fois, je prierai. Je demande aux Dieux qui m'entendent de nous protéger. Dieu, Ganesh, Jésus, Bouddha, Shiva, Allah, l'Univers… qu'importe sa représentation ou s'il m'est familier, j'implore les énergies les plus grandes de nous accompagner, les enfants et moi.

Le spectacle de fin d'année scolaire auquel j'assiste ce soir-là est à la hauteur de toutes les démesures auxquelles nous sommes habitués. Les nombreuses répétitions nécessaires au bon déroulement de la gargantuesque représentation ont autant épuisé les jeunes figurants que leurs parents. Il est vingt et une heures lorsque la prestation finale s'achève enfin, après plusieurs heures d'attente pour assister à une brève et attendrissante apparition de mes enfants sur la grande scène d'un théâtre situé sur les hauteurs de Breach Candy, au sud de la ville. Notre retour s'annonce périlleux. Je n'ai plus de batterie dans mon téléphone pour demander à une amie de venir nous récupérer ou de m'envoyer son chauffeur. Ce détail me rend totalement tributaire des taxis ou d'une autre famille qui aurait la gentillesse de nous ramener. Mais notre quartier, souvent gangrené par la circulation, n'est la destination d'aucun autre parent. L'un d'entre eux nous fait gagner un peu de distance en nous déposant à un immense carrefour près de la fameuse mosquée Haji Ali, en bord de mer. Je ne me décourage pas en pensant que nous trouverons bien un taxi qui prendra le relais, mais personne ne veut nous embarquer. Les différentes routes qui rejoignent notre immeuble sont entravées par d'importants travaux et par des cortèges qui bloquent le trafic depuis plusieurs heures. Plus personne ne veut perdre son temps dans cette direction. La chaleur persiste malgré la nuit tombée, l'air semble s'âtre figé. La circulation est presque aussi dense qu'en heure de pointe. Le bruit des klaxons agit sur moi ce soir-là comme des décharges électriques. Chargée des déguisements du spectacle en plus des sacs à dos des enfants et de mes affaires personnelles, je tiens la main de mon fils d'un côté et porte sur le flan opposé ma petite fille, épuisée. J'avance péniblement en bordure de chaussée pour ne pas devoir enjamber, sur le trottoir, tous les gens qui s'y sont installés pour la nuit. J'essaie en vain d'entrer en communication avec les chauffeurs. Après plus d'un kilomètre à tenter de nous introduire dans un taxi, un motard oblige un conducteur, pris au hasard, à nous laisser monter. Il ne lui laisse aucun droit de refus et lui adresse toute une série de blâmes en pointant l'état d'épuisement des enfants. Nous sommes devenus un point d'attraction important sur cette grande allée longeant l'hippodrome, pourtant si proche, à vol d'oiseau, de chez nous. Notre chauffeur ne bronche pas lorsque nous nous installons dans son véhicule en présence du motard. Je me méfie qu'il puisse avoir envie de me faire payer cher cet affront une fois sortis de ce capharnaüm. Il fait un détour important avant de s'arrêter en bordure de route près d'un petit marchand de cigarettes. Il prend le temps de s'en fumer une en discutant avec quelques hommes. Ils se tiennent là, immobiles, à nous dévisager, le visage éclairé par une enseigne lumineuse. Cette halte me terrifie. Mes enfants sont ma force et ma faiblesse. Leur présence peut atténuer les sombres envies de ripostes que je sens naître chez cet homme dont l'égo a été blessé, mais ils représentent également mon talon d'Achille, une mère ne pouvant supporter que l'on touche à ses petits… Je ne peux imaginer sortir du véhicule à cet endroit, et encore moins devoir terminer notre route à pied. Mais l'idée d'une nouvelle destination clandestine était inimaginable. Je patiente sagement cinq bonnes minutes avant d'oser lui lancer un « Chalo » local qui signifie « Allons-y », sur un ton autoritaire. Je ne comprends malheureusement pas leurs échanges, mais notre chauffeur reprend place dans son taxi et redémarre. Quel soulagement ! Il nous chassera de son véhicule au début de notre rue, sans même me regarder. Nous devons marcher le dernier kilomètre pour atteindre notre résidence, cela m'achève mais ma gratitude quant à la finalité de l'aventure est bien plus forte que mon épuisement. Je franchis notre portail de sécurité avec le sentiment d'être arrivée la première, d'avoir gagné la course, de remporter la victoire. Mais en même temps, je me sens triste et désabusée, terriblement seule et épuisée. Je suis consciente d'être l'unique résidente susceptible de surprendre notre personnel de sécurité en arrivant ainsi à pied, tard le soir, épuisée, portant à bout de bras enfants et sacs encombrants sans être accompagnée d'un mari, d'une maid, d'un garde du corps ou simplement, comme tous les expat' installés ici, de son chauffeur.

Oui, parfois je maudissais notre situation. Les nombreux rebondissements et imprévus survenus tout au long de notre aventure nous ont contraints à faire des choix et à sacrifier des éléments qui auraient considérablement favorisé notre confort et allégé l'organisation de notre quotidien. Mais à force d'endurance, et malgré la résistance, je constatais que rien ne pouvait m'arrêter. Ce qui entravait ma route me faisait découvrir d'autres chemins. Ma solitude, comme ma féminitude, ne pouvait m'empêcher de prendre de l'altitude.

Il existe effectivement, au sein de la population indienne, une importante disproportion entre le nombre d'hommes et de femmes, et Mumbai ne fait pas exception à cette réalité. L'exode rural en est l'une des raisons. Le nombre déplorable d'avortements de fœtus féminins pratiqué durant de nombreuses années dans tout le pays contribue à marquer cette disparité entre les genres. Aujourd'hui il est formellement interdit de déterminer le sexe de son bébé durant sa grossesse, sous peine de sanctions importantes. Mettre au monde une petite fille crée, encore à l'heure actuelle, des tracas à beaucoup de familles. Donner naissance à un garçon est plus « rentable » : aucune dote à payer pour marier son fils qui restera vivre avec ses parents, contribuera à leurs besoins et garantira la pérennité du nom de famille.

Les femmes sont toutefois des piliers importants au sein de cette dominante population masculine, bien qu'elles soient moins visibles et moins actives « sur le devant de la scène ». Elles représentent une communauté solidaire qui me fait penser à une gigantesque fourmilière : chacune occupe sa place dans un système hiérarchisé bien organisé. Les rituels et les activités manuelles remplissent une grande partie de leur vie quotidienne. Bien que leur présence soit souvent discrète, nul ne peut ignorer l'autorité naturelle qui se lit dans le regard de nombreuses de ces femmes. Vaillantes et résilientes, elles créent l'équilibre autour d'elles. Complices et unies, elles forment une puissante armée… Je les appelle les guerrières de l'ombre.

Je faisais partie, moi aussi, d'un quota minoritaire de femmes « étrangères » parmi la poignée d'expatriés installées à Mumbai. Quant aux touristes que l'on croise dans cette métropole, ils sont généralement de passage, en transit pour atteindre d'autres localisations à travers le pays. Quelques quartiers sont toutefois incontournables : Bandra et Juhu, au nord, Dharavi, au centre et Colaba, qui est la destination touristique la plus importante, située au sud de l'ancien archipel. Nul ne poursuivra sa route sans avoir admiré l'imposante Porte de l'Inde et certainement aussi embarqué sur l'une des navettes maritimes à destination de la fameuse île Elephanta. Au même endroit siège le majestueux Taj Palace, autour duquel se succèdent galeries d'art, restaurants branchés et boutiques en vogue. Ce prestigieux hôtel est une institution, un îlot de beauté, une oasis. L'odeur de jasmin, la végétation, le décor, le servie à thé… tout est absolument somptueux. Il avait été le théâtre d'un atroce carnage en novembre 2008 lors d'une attaque terroriste qui avait pris pour cible plusieurs établissements et lieux publics de la métropole. Au premier étage de la partie historique se trouve une magnifique salle, le Sea Lounge, accessible également à qui ne séjourne pas dans l'hôtel. Installée face à la mer, un Chai et quelques notes de piano dans l'air, une courte visite se révélait aussi bénéfique qu'un antibiotique !

De nombreux espaces de la ville ne sont pas fréquentés par les globetrotteurs, ni même par la communauté d'expatriés installée sur Mumbai. Une partie des mumbaikar est donc habituée à voir ou à cohabiter avec des étrangers. Toutefois, les habitants des quartiers les plus défavorisés ou ne faisant pas partie des sites touristiques n'ont pas pour habitue de rencontrer d'autres visages que ceux de leurs pairs.

Dès notre arrivée, nous circulions librement absolument partout dans la ville, explorant de manière hasardeuse chaque espace susceptible de nous faire découvrir quelque chose de nouveau, d'inattendu. Il était alors fréquent que nous nous retrouvions face à des habitants pour qui notre présence était surprenante. J'avais tendance à penser que les Indiens sont de nature très curieuse, mais avec le temps j'ai compris qu'ils ne sont pas plus curieux qu'ailleurs ; ils n'ont juste pas conscience de l'intensité de leur regard et sont extrêmement spontanés. Nous faisions réagir hommes, femmes et enfants où que nous allions. Il était naturel et habituel d'échanger quelques mots avec les gens que nous croisions dans la rue. Plutôt à l'aise avec cette familiarité, nous devions toutefois rester vigilants avec notre petite fille. Ses yeux bleus et sa chevelure dorée les fascinaient, et lorsqu'elle révélait son prénom à un interlocuteur, nous nous retrouvions assaillis de questions ou de récits étymologiques auxquels il était parfois difficile de se soustraire. Elle embrasait la foule où que nous allions. Nous devions intervenir assez souvent pour empêcher les autochtones de lui toucher le visage ou de la prendre en photo, notamment lorsqu'il s'agissait de jeunes hommes dont je ne pouvais tolérer la moindre motivation. Notre petite guerrière avait pourtant pris l'habitude de repousser d'elle-même ceux qui entraient sans permission dans sa sphère privée. Elle ne parlait pas encore lors de notre arrivée en terre indienne. Mais à tous ceux qui prenaient le risque, même discrètement, de la photographier avec un téléphone portable, elle a très vite appris à dire « No photo ! », d'un ton autoritaire et déterminé, l'index dressé en l'air et le regard froncé.

Le fait de la voir pareillement attractive me rendait méfiante et cela se répercutait parfois dans notre organisation. Je ne pouvais m'empêcher de l'imaginer à la merci de prédateurs ou de trafiquants d'organes qui auraient pu voir en ses belles billes bleues une denrée rare des plus monnayables. Je n'étais absolument pas guidée par des pensées rationnelles lorsqu'il était question de ne plus avoir le contrôle sur la sécurité de ma petite fille ou simplement de déléguer sa prise en charge. Il m'a fallu travailler sur cette profonde anxiété, apprendre à lâcher-prise, encore, et à faire confiance. Les choses étaient différentes avec mon fils dont les traits ne dépareillaient pas tant du reste de la population. Plus pâle que les autochtones certes, il pouvait néanmoins assez facilement passer pour l'un des leurs et attirait moins les foules. Cette vigilance à l'égard de nos enfants influençait notre manière de vivre et de penser.

Un jour, lors d'une visite, ma mère avait relevé l'immense liberté dont je bénéficiais en vivant à Mumbai. Il s'agissait là d'une notion très ambivalente, à l'image de la puissance des contrastes qui définit unanimement l'Inde. J'ai été surprise qu'elle perçoive ma vie ainsi, elle qui était pourtant consciente de la diminution d'autonomie et d'intimité à laquelle je devais alors m'habituer. Mais elle venait d'évoquer une tout autre forme d'indépendance. Il était vrai que le fait de vivre à huis clos, loin de nos fratries, et de n'avoir que notre petit cocon familial à prendre en considération pour l'organisation de notre quotidien avait le goût de la liberté, de la facilité. Nous nous retrouvions soudainement déchargés d'un grand nombre d'engagements sociaux et familiaux. J'avais même, quelquefois, le sentiment de vivre égoïstement, particulièrement lorsqu'un proche se trouvait en difficulté alors que des milliers de kilomètres nous séparaient. Un énième exercice d'acceptation. La culpabilité ne changerait rien, et nous avions notre guerre à mener. J'essayais de savourer les effets positifs de cette indépendance, préservée des inévitables interférences liées à une étroite cohabitation avec notre « communauté ». Sans arrière-pensée, il était important et productif de créer cette distance de corps pour nous retrouver, nous connecter à nos besoins, à nos propres valeurs et règles familiales. Nous aspirions à quelque chose de simple et primordial : vivre pleinement, sans compromis ni consentement de part et d'autre. Prendre enfin notre envol.

En matière de liberté, je bénéficiais d'un soulagement important concernant l'ensemble de mes obligations de maîtresse de maison, ce qui m'offrait du temps supplémentaire à consacrer à mes enfants plutôt que de passer la majeure partie de mes journées à assumer d'ingrates et frustrantes tâches domestiques. L'aide que je recevais de mes maids était indispensable si nous souhaitions vivre dans un environnement sanitaire décent en pleine métropole indienne. Pas de trêve pour la poussière, les insectes et la moisissure. Me priver de ce soutien m'aurait contrainte à être perpétuellement en mode « entretien » et j'avais suffisamment d'autres préoccupations.

À un différent niveau, le regard que m'adressaient mes consœurs indiennes était parfois plus puissant que les mots. Je sentais que je leur renvoyais un message de liberté et d'indépendance. Ce qui, à mes yeux, constituait mes droits, répondait à un besoin d'autonomie et caractérisait mon identité me plaçait là-bas hors système. Exempte de certains dictats sociaux, cela faisait de moi une affranchie. Les endroits que je fréquentais, le choix de mes vêtements et plus spécifiquement ma coiffure interpellaient grand nombre d'autochtones. Effectivement, ma coupe devait à elle seule représenter une grande liberté d'expression ; une importante émancipation, inaccessible pour la plupart de ces femmes dont la chevelure est soumise à des mœurs indiscutables.

Aussi loin que je me souvienne, mes longs cheveux avaient toujours été un indispensable allié de beauté, une protection, mais surtout un élément identitaire majeur. En rasant la moitié de mon crâne, je m'étais soudainement séparée de ce que j'avais longtemps imaginé être le pilier de ma féminité. Ce radical changement d'apparence pourrait bien avoir été la manifestation physique des transformations qui étaient en train de se passer en moi. Couper ces liens, ces longues racines noires qui me liaient à tout ce que je ne serai plus n'était pas un acte si anodin. Une amie l'avait comparé à une castration. Puissant symbole. Lorsque je me suis retrouvée assise chez le coiffeur à devoir défendre cette envie soudaine et irréversible, mon corps a exprimé un stress que mon mental ne captait pas, je ressentais une sorte de rupture. En conscience, je n'aspirais alors qu'à changer de look. Mais dans la ville de tous les possibles, nul n'est à l'abri de l'imprévisible.

Bien plus tard, je suis tombée un peu par « hasard » sur différents écrits relatifs aux raisons pour lesquelles les moines bouddhistes se séparent de leurs cheveux, et cela ne m'a pas laissée indifférente. Il me semble qu'ils les considèrent comme un masque. Les raser permettrait de se montrer tel que l'on est à la face du monde. Ce geste serait un acte de détachement, de renoncement au monde matériel. Dans le livre « Histoire du Bouddhisme » de Philip Wilkinson, il est écrit : « Siddharta se prépara à sa quête spirituelle en abandonnant tout ce qui avait un lien avec son existence matérielle passée. Il rasa ses longs cheveux : en Inde, à cette époque, la chevelure était symbole de vanité. »

Je ne prétends évidemment pas par là avoir la sagesse de Bouddha… Je relie simplement certains préceptes à quelques aspects de mon cheminement. En me retrouvant face à ces extraits, j'ai pris conscience que - malgré une apparente forte résistance - j'avais été co-créatrice de tout ce que j'ai perdu, sacrifié et douloureusement expérimenté durant ces trois années de voyage intérieur. Oui, j'ai créé un contexte favorable à toutes ces remises en question, à ces mises à l'épreuve, à ces instants de solitude, à ces pertes et disparitions matérielles et même aux leçons d'humilité encaissées lors de la diffusion publique de notre histoire.

Cette étape de ma vie allait me réaligner avec ma véritable nature et m'ouvrir à quelque chose de plus grand. Et pour ce faire, un détachement ainsi qu'une distance avec de nombreuses choses que je croyais être indispensables à mon bonheur auront été nécessaires.

Mon expérience en terre indienne a été en réalité un moyen d'entrer, par le biais de confrontations, dans un processus de purification. Cette ville semble avoir été pour moi un lieu d'initiation (s). Ce que j'étais venue y faire et y chercher n'avait rien de spirituel et ne s'annonçait pas comme une quête personnelle. Je n'avais éprouvé, au moment de mon départ, qu'un besoin d'aventure. J'avais envie de m'évader et de tout quitter pour un temps. « Tout quitter »… ces mots symbolisent clairement notre démarche. J'avais conscience que nous renoncions à presque tout, mais je n'avais pas songé à l'idée qu'en modifiant l'ensemble de notre monde extérieur, nous changerions nos vibrations intérieures. Nos perceptions et nos réactions ne seraient plus les mêmes. Notre volonté d'adaptation à notre nouvel environnement entraînerait inévitablement la déprogrammation d'une partie plus ou moins importante de notre identité. Récurrents, persévérants, parfois envahissants, ces deux mots n'ont cessé d'interférer dans mes pensées depuis notre décision de partir en Inde. Comme s'ils essayaient d'attirer mon attention sur quelque chose d'important. Ils vagabonderont dans mon esprit encore longtemps après notre retour sans que je parvienne à en extraire leur sens profond. Mais plus je prends de la distance avec mes expériences, plus j'avance dans mon récit, plus je vois clair. « Quitter » détient plusieurs significations : se séparer d'une personne, partir d'un lieu, démissionner ou mourir. Elles prennent toutes sens, en surface, jusqu'à ce qu'enfin je réalise que ce mot est profondément lié à la nouvelle perception que j'ai de la mort. Quitter un environnement tel que la Suisse et nous immerger dans cette culture indienne de la manière dont nous nous y sommes pris a impliqué une rupture si importante avec notre fonctionnement et nous a tellement éloignés de notre état émotionnel habituel que l'expérience s'est effectivement apparentée à un « sacrifice », à une forme de mise à mort. Quelque chose en nous devait céder, s'incliner devant plus d'authenticité.

J'avais toujours éprouvé de la peur et une certaine révolte à l'égard de la mort. Elle représentait pour moi la plus grande incohérence de notre existence. Soudainement, je comprenais que «Tout quitter» est un acte puissant symbolisant la «liberté». Celle de tout recommencer, et cela offre tant de possibilités. De ce fait, la mort ne pouvait, non plus, n'être qu'une insignifiante finalité. Elle m'apparaîtra dès lors comme le refrain d'une mélodie sans fin, de moins en moins dramatique et de plus en plus supportable. Cette progression de réflexions viendra définitivement créditer mon expérience indienne. Nos épreuves étant, à mon sens, de précieuses clés pour renaître à soi.

Cette notion de liberté était venue s'imposer comme valeur dominante autour de laquelle ma toile se tissait. Leurs aspects positifs liés à notre expatriation évoqués plus haut comportaient toutefois d'importants revers. J'avais le sentiment par moment d'être un oiseau en cage. Perchée en haut de ma belle tour, rien ne pouvait échapper à l'une des cent-cinquante caméras qui filmaient l'ensemble de notre environnement. À cela s'ajoutaient les dizaines de paires d'yeux que comptaient les équipes de sécurité et de maintenance, ainsi que les jardiniers et autres personnes travaillant sur le site pour un service en continu, sept jours sur sept. Nous nous trouvions sous haute surveillance : nulle part où se mettre à l'abri, où se retirer pour un instant de solitude. Aucun secret, aucune intimité. Une fois sortis de notre appartement, nous perdions toute privacité, à l'extérieur comme à l'intérieur de notre enceinte.

Ma mobilité était, elle, aussi considérablement réduite. Elle faisait partie d'une qualité de vie en Suisse que parfois je regrettais à Mumbai. J'aimais me souvenir de la simplicité avec laquelle je pouvais aller et venir en empruntant librement nos petits chemins de campagne. Malgré toute la férocité avec laquelle j'assumais l'ensemble des défis liés à mon nouvel environnement et la facilité avec laquelle je pouvais me repérer dans la ville, je n'ai jamais personnellement pris part à la fanfare des klaxons au milieu de cette fourmilière de conducteurs intrépides et sans pitié. Il est évident que cette indépendance m'aurait apporté un confort quotidien considérable : plus d'autonomie et de sécurité, ainsi qu'une meilleure gestion de mon temps. Mais les perpétuelles situations incongrues qui nécessitaient beaucoup trop de concentration, d'indulgence et de maîtrise de soi pour nous en sortir indemnes étaient rédhibitoires. L'infrastructure de la ville n'est d'ailleurs, qui plus est, pas du tout adaptée aux automobilistes seuls et téméraires puisqu'il n'y a presque nulle part où se parquer. Quand bien même, la police trouvera toujours un argument pour mettre un sabot à votre voiture, un risque auquel nous nous exposions sitôt que nous laissions notre engin garé sans conducteur. Qu'importe si le chauffeur dort profondément, allongé sur le siège avant, s'il lit le journal les fenêtres fermées et le moteur allumé pour bénéficier de la climatisation, ou s'il est en train de boire le thé assis sur le capot du véhicule. Tant qu'elle est sous le contrôle de quelqu'un, vous avez la garantie de repartir de la même façon que vous êtes arrivés, sans quoi vous prenez le risque qu'elle soit remorquée et séquestrée au carrefour le plus proche faisant office de fourrière.

La plupart des gens se déplacent en train, en bus ou en taxi. Les plus privilégiés ont leur chauffeur privé, ce qui est bien entendu la meilleure des options (si l'on fait abstraction des éventuels déboires liés à la gestion d'un employé supplémentaire). Ce soudain « handicap » lié à mon autonomie me rendait complètement dépendante d'autres personnes et, de ce fait, entravait considérablement la spontanéité de chaque déplacement.

Durant nos trois années passées au cœur de la métropole, j'ai effectué un tiers de mes excursions avec l'un de nos trois différents chauffeurs privés qui se sont succédé sans que nous ayons pu envisager une collaboration à long terme. L'un d'eux, par exemple, s'était permis de faire une halte devant la mosquée qu'il fréquentait près de notre domicile pour nous montrer, sans aucun complexe, ma fille et moi, à une dizaine d'hommes qui s'étaient approchés, le nez presque collé aux vitres de la voiture. Le second avait quant à lui l'habitude de s'arrêter à tout moment pour, soi-disant, aller aux toilettes, me laissant seule dans la voiture, en bordure de route n'importe où dans la ville, emportant les clés avec lui.

Du temps où notre budget nous le permettait, nous n'avons pas eu de chance dans les recommandations qui nous avaient été faites. Puisqu'il était alors si difficile de trouver un chauffeur sérieux qui connaisse la ville (au moins aussi bien que nous) et surtout qui nous inspire confiance sans que cela implique de devoir doubler le salaire usuel, nous y avons provisoirement renoncé. Nos finances nous ont ensuite définitivement condamnés à nous priver de leurs services qui étaient généralement perçus par « qui ne vivait pas à Mumbai » comme un caprice ou un luxe inutile. Je demeure catégorique sur sa nécessité.

Un autre tiers de mes déplacements sera pris en charge par mon mari qui avait obtenu un permis de conduire indien et qui assumait, bravement, dès qu'il le pouvait, mes allées et venues. Mes autres trajets étaient effectués en taxi. Chaque initiative avait un arrière-goût d'aventure. Plus la course était de courte distance, plus les négociations étaient longues. Le simple fait de vouloir me rendre au centre commercial le plus proche, situé à quelques centaines de mètres à vol d'oiseau de chez nous - mais dont le parcours était entravé par le chemin de fer - était une bataille. À l'aller comme au retour. La façon qu'avaient certains chauffeurs de taxi de sélectionner leurs clients m'a coûté quelques altercations publiques, leurs refus pouvaient me mettre très en colère. Effectivement, ils étaient quelques-uns à rôder dans les rues à l'affût de courses onéreuses. Ils me faisaient penser à des chasseurs qui économisaient leurs munitions pour les gros gibiers. J'avais assez vite compris que ni le charme ni la pitié ne seraient mes alliés lorsqu'il s'agissait de me déplacer. Les pluies battantes en période de mousson et les fois où je me retrouvais les bras chargés de sacs à commissions avec mes deux enfants à gérer en bord de route ne les attendrissaient guère. Du coup, si l'un d'eux me laissait monter à bord de son véhicule sans aucune condition, j'éprouvais alors une profonde gratitude. J'avais l'impression qu'il m'était envoyé comme un ange gardien.

À ce manque d'indépendance dans mes déplacements s'ajoutait

une sorte de barrière invisible autour de notre lieu d'habitation : une circulation saturée en permanence délimitait virtuellement la zone dans laquelle il était préférable de créer nos habitudes afin d'éviter de perdre trop de temps dans des embouteillages.

Nos enfants subissaient eux aussi une forte restriction dans leur liberté. Heureusement, avec leurs yeux de petits aventuriers, ils savaient contempler gaiement et avec positivité toute cette intense diversité. Ils étaient pourtant habitués à vivre librement dans un environnement aéré, vert, paisible et sans grand danger. En Suisse, nous passions beaucoup de temps dehors. Ils adoraient gambader dans les vergers de mon père, vigneron agriculteur, et profiter des merveilles que la nature offre généreusement au travers de ses saisons. D'un jour à l'autre, ils s'étaient retrouvés profondément immergés dans un bain urbain saturé de couleurs, de senteurs, de bruits incessants et d'animaux errants qui les attendrissaient, mais qu'il leur était défendu d'approcher de trop près. Cependant, ils accueillaient ces millions de visages et d'images, quelquefois troublants, le cœur ouvert et les bras tendus vers l'inconnu sans réellement se rendre compte de ce qui ne leur était dorénavant plus accessible. Leur joie de vivre et leur curiosité leur donnaient des ailes. Partout, ils étaient prêts à s'envoler, stimulés et attirés par tant de vibrations. Parfois, mes craintes et ma prudence les freinaient avant même qu'ils aient pu prendre un quelconque élan. Les règles étaient strictes une fois arrivés à l'extérieur de notre lieu d'habitation : il n'était pas question de jouer aux aventuriers en sortant de notre champ de vision et ils avaient l'obligation de maintenir une proximité accrue. Nul ne plaisantait avec ces limites de carde. Je mesurais bien entendu combien cela devait leur être désagréable par moment, mais je ne pouvais risquer de mettre davantage notre bonheur à l'épreuve. C'était ma condition pour gérer au mieux ma part de responsabilité concernant leur sécurité et me sentir détendue une fois plongée dans toute cette effervescence.

Lorsque nous étions à l'intérieur de notre forteresse, ils pouvaient alors se défaire de leurs contraintes et circuler « librement », sous l'œil attentif d'un parent ou de leur Didi. Je savais que malgré l'ampleur des mesures de sécurité déployées au sein de notre lieu d'habitation ils demeuraient des proies faciles et vulnérables face à quelqu'un de mal intentionné. J'ai fait l'expérience de cette terrible angoisse une seule fois, le jour où j'ai perdu de vue ma petite fille sur l'espace de jeu situé à l'entrée du parking souterrain de notre logement. La nuit tombait. À peine quelques minutes de recherches s'étaient transformées en une éternité. Je m'étais alors précipitée vers la porte principale du complexe avec l'intention de bloquer la circulation aux véhicules sortants, imaginant ainsi pouvoir intercepter celui dans lequel je la croyais déjà prisonnière. Quelle imagination ! Une voisine l'avait entre-temps retrouvée dans la cage d'escalier au rez-de-chaussée de la tour centrale, mangeant du pop-corn tranquillement installée sur son vélo. J'essayais de toutes mes forces de faire confiance à la vie, mais je ne pouvais me résoudre à vouer une confiance absolue en l'être humain.

À travers notre histoire brièvement rendue publique, j'ai pu mesurer à quel point notre audace d'avoir tout quitté avait pu sensibiliser un large public. Nous nous étions jetés à l'eau, presque nus. Nous avions osé dépasser cette résistance qui empêche généralement la transition du désir à l'action. J'ai reçu des centaines de messages, il était surprenant de découvrir les pays dans lesquels la population avait eu accès à l'émission. Ils pouvaient aussi bien comporter des témoignages personnels liés à des expériences de vie que nos aventures réanimaient en nos téléspectateurs, que des courriers d'encouragement et de remerciement d'avoir partagé un bout de notre histoire. Mais aussi toutes sortes de questions plus ou moins indiscrètes sur différents aspects de notre « expatriation ». J'ai alors pu constater, encore, que la principale image que nous reflétions était celle de la liberté. Nous n'avions pas seulement quitté un pays pour un autre… nous avions brisé les chaînes de la routine et osé tout plaquer.

Cela semble si clair aujourd'hui. Toutes ces dualités, ces passages d'ombre à la lumière, cette éreintante succession d'intenses joies et de profondes souffrances ainsi que cette ambivalence liée à ma liberté ont été un moyen efficace d'ébranler ma conscience et de réunir les ressources nécessaires au développement d'un nouveau cycle de vie, d'un nouvel équilibre.

Ta vie est le résultat des choix que tu fais. Si tu n'aimes pas ta vie, il est temps de faire de meilleurs choix.

९

J'avais quitté le territoire indien avec la certitude d'entretenir cette fabuleuse et invisible connexion avec Mumbai, je savais que je resterais imprégnée d'une très forte empreinte locale puisque coule dans mes veines l'extrait le plus pur de mon expérience. Cependant, je ressentais le besoin de me raccrocher à tout ce qui me ferait appartenir encore un peu, encore un temps, à cette terre qui ne me désirait pas.

Nous allions immanquablement préserver quelques accoutumances, mais qui dit nouvelle latitude, dit nouvelles habitudes, les rites deviennent autres et l'on réoriente naturellement notre attention ainsi que nos besoins. J'imaginais qu'il suffirait de petits rituels ou d'instants de méditation pour me replonger dans toutes ces émotions lointaines, mais j'ai compris que notre esprit ne fonctionne pas de manière aussi mécanique. Brûler un bâton d'encens, écouter de la musique indienne ou parcourir mes albums photo réanime certes des images et des sensations, mais la connexion que j'entretiendrai avec cette étape de ma vie s'annonçait mouvante, incontrôlable, presque indomptable. Je suis adepte de la gestion de la pensée, ses vertus ont radicalement changé ma vie. Mais je sais qu'on ne triche pas avec ses émotions et encore moins avec ses souvenirs. Ce sont eux qui nous rattrapent, sans effort ni cérémonie.

Le passé n'ayant rien à offrir de plus qu'un enseignement, je m'efforce alors de me connecter aux bienfaits et aux réflexions que notre aventure déclenche en moi jour après jour sans m'accrocher à ce qui a été et qui me manque profondément. Je constate, impuissante, que cette immense parenthèse de notre existence se réduit déjà à un fragment de notre vie qui, gentiment et inéluctablement, trouve sa place dans le tiroir des souvenirs (situé juste à côté de celui des regrets, qui lui demeure intact). Cette simple image me remplit de joie et me rappelle que nous avons tous la même mission : celle d'agir et de réagir maintenant pour nous préserver des frustrations de demain.

« Comme par hasard », comme pour compenser, à juste dose, ce qui n'est plus depuis notre retour, comme pour me détourner d'un manque, d'un trop grand vide, c'est l'Inde qui vient à nous en alimentant notre vie de ses subtils ingrédients. Nous avons fait la connaissance de nombreux Indiens habitant notre région et avons déjà à plusieurs reprises eu le plaisir d'accueillir des amis du sous-continent de passage en Suisse avec qui nous avons gardé contact. Notre bar - que nous avions appelé Mumbai Bar bien avant notre grand départ - attire une clientèle hétéroclite dont une partie de la communauté indienne établie en Suisse depuis de nombreuses années, ainsi que les touristes qui séjournent dans notre région. J'aime les évasions que génèrent mes échanges avec nos hôtes, ou encore contempler les grandes tablées colorées où chacun se sent libre de se servir de ses mains pour honorer des plats végétariens que nos chefs leur concoctent sur demande. Réceptions privées, repas caritatifs, défilés de haute couture orientale et autres rassemblements locaux nous immergent ponctuellement dans une Inde de substitution. Mais ce que j'aime par-dessus tout, c'est boire un Masala Chai, un vrai. Le voyage est instantané. Lorsque j'écrase mes épices au mortier, mes sens s'émerveillent, mes souvenirs s'éveillent. Le thé que je prépare à la maison est très peu sucré, il n'est donc jamais aussi onctueux que l'incomparable nectar que je buvais dans les rues de Mumbai. Il y en a toujours une casserole prête dans notre cuisine de restaurant, où chacun connaît mon penchant pour cette savoureuse concoction. L'un de nos cuisiniers a l'habitude de « sucrer » son Chai avec du sel ; une pratique qu'il entretient depuis qu'il a quitté sa région où le sucre n'était alors pas une denrée commune, contrairement au sel qui faisait l'affaire pour accentuer les saveurs de leurs boissons.

Interrompre l'enchaînement d'actions qui rythme mes journées pour prendre le temps de boire une tasse de thé sans aucune distraction est pour moi un exercice d'ancrage dans l'instant présent. Une petite célébration de la vie. C'est aussi un temps de réflexion durant lequel je reprends immédiatement le contrôle de mes pensées. Ce n'est qu'un prétexte, j'en conviens, mais les prétextes parfois nous sont salutaires. Lorsque je mets en bouche une gorgée de ce délicieux thé épicé, je me retrouve dans un état de gratitude, c'est un sentiment doux et éphémère qui me rappelle brièvement à l'immensité et à l'abondance de tout ce qui nous entoure. Je me sens alors si puissante, si sereine. Ces petits actes simples et bénéfiques du quotidien prennent alors une place très précieuse. De nombreuses personnes pratiquent la méditation, d'autres se plongent dans un bon bain chaud et ferment les yeux. Moi j'aime prendre le temps de boire un Chai et accueillir ce qui me vient avec douceur. Je vous invite à essayer ma recette de thé indien que vous découvrirez en tournant la page. Quelle que soit la saison, quelle que soit votre humeur, boire un Chai est toujours une raison honnête d'interrompre votre labeur. À votre santé !

Recette du Masala Chai

pour 2 personnes

1. Versez 2 tasses d'eau dans une casserole

2. Ajoutez 2 cuillères à soupe de thé noir non aromatisé ainsi que vos épices, de préférence fraîches et écrasées dans un mortier, incluant :

    * 1 petit morceau de gingembre pelé et écrasé

    * 6-8 grains de poivre

    * 4 gousses de cardamome écrasées

    * 3 clous de girofle

    * 1 bâton de cannelle concassé

3. Portez à ébullition puis laissez frémir quelques minutes pour bien infuser.

4. Ajoutez une tasse de lait (de préférence entier pour un meilleur goût), mélangez et attendez que l'ébullition reprenne.

5. Baissez le feu et laissez cuire encore une ou deux minutes. C'est prêt !

6. Passez votre thé à la passoire en le servant. Ajoutez du sucre à votre convenance.

Vous pouvez personnaliser votre thé en y ajoutant du safran, de l'anis étoilé, une tige de citronnelle, des feuilles de menthe ou de curry… Intolérance au lactose : utilisez un lait végétal.

Il avait été déconcertant de constater avec quelle facilité nous avions orchestré la déconstruction accélérée de tout ce pour quoi nous nous étions tellement investis durant nos trois années à Mumbai. Les démarches administratives nécessaires pour nous en aller et les actions entreprises pour nous séparer de tout le matériel que nous n'allions pas rapatrier en Suisse avaient été achevées en quelques semaines. Après avoir offert une bonne partie de nos affaires à des gens dans le besoin, nous avions décidé de vendre différents objets, du mobilier et des textiles d'intérieur afin de récupérer une partie de notre investissement pour nous réinstaller en Suisse. Grâce à internet, nous sommes parvenus à écouler l'ensemble de nos biens, sans même devoir mettre en pratique nos nouvelles connaissances de négociation puisque nous avons pu imposer avec fermeté nos propres règles du jeu : pas le temps de jouer, des prix estimés à leur juste valeur, non négociables.

Ce même « quelque chose » qui nous empêchait de nous réaliser nous avait soudainement ouvert une porte… celle de la sortie. Cette douloureuse conclusion était claire. Il était temps de repartir. La seule difficulté durant cette ultime période a été de trouver un transporteur maritime avec qui organiser le transfert de nos affaires vers la Suisse. Les cinquante-huit cartons qu'il fallait encore fermer et protéger individuellement, ainsi que les quelques pièces de mobilier à rapatrier se trouvaient encore dans notre salon la veille de notre voyage de retour. L'entreprise que nous avions mandatée demeurait injoignable, depuis plusieurs jours. Comment allions-nous sortir de cette impasse ? Une dizaine d'hommes se sont finalement présentés à notre porte le jour J, peu concernée par l'urgence de la situation. En quelques heures, l'envoi était prêt. Des amis sont alors venus en renfort au moment de transporter les cartons jusqu'au camion. Il était impératif qu'ils soient tous numérotés et comptabilisés à leur sortie de l'appartement puis à leur entrée dans le véhicule, afin qu'aucune « perte » ne s'effectue durant ce premier acheminement. Cela nécessitait que nous nous armions de paires d'yeux supplémentaires placées sur différents pôles stratégiques de l'immeuble. Nous ne pouvions malheureusement pas compter sur une entière loyauté de la part de nos gardes depuis que des bruits couraient sur certains d'entre eux qui auraient peut-être été mêlés à la disparition de vélos et autres objets appartenant à des résidents. Une fois le camion fermé, la compagnie de transport devenait le seul garant de notre cargaison.

À quelques heures près, nous n'aurions plus été en mesure de superviser sa prise en charge, ce qui aurait certainement mis en péril son rapatriement. Heureusement, tous nos effets personnels imprégnés d'odeurs et de souvenirs à fortes valeurs émotionnelles nous sont parvenus après presque trois mois de transit. Je me réjouissais de retrouver toutes ces petites choses qui avaient leur importance pour symboliser et faire durer le plus longtemps possible notre histoire indienne au sein de notre nouveau lieu de vie. Des tapis, des photos, trois meubles en bois - sculptés sur mesure - auxquels je m'étais beaucoup attachée, des bâtons d'encens, les affaires de cricket de mon fils, tous nos vêtements adaptés aux chaleurs tropicales, des livres, notre vaisselle en porcelaine avec ses magnifiques arabesques, divers objets décoratifs, des tissus, la boîte à épices destinée à la préparation de mon Chai… et par-dessus tout, mon précieux Ganesh, réalisé en une sorte de résine polie, d'une incomparable douceur. Je ne sais pas pourquoi j'avais pris cette drôle d'habitude de lui envelopper le crâne de ma main droite. Celui-ci correspondait exactement à l'entier de ma paume qui aimait ressentir la fraîcheur de cet ersatz de marbre blanc. Il était ce à quoi je tenais le plus parmi les milliers de biens que contenait l'ensemble de nos cartons. Et il aura été la seule et unique chose endommagée durant le transport. Je ne suis pas de nature superstitieuse, mais pas non plus très cartésienne. Je ne pouvais alors me résoudre à accepter que la tête coupée de cette divinité - que j'aimais pour sa beauté et sa symbolique - soit uniquement le fruit du hasard. Encore une énigme qui demeurera sans réponse. Mon mari me fera sans tarder la surprise de m'en faire parvenir une nouvelle, identique. Cela m'a aidé à me détacher de cette sombre confusion.

À peine étions-nous revenus que nous nous réemparions machinalement de nos droits et obligations. Nous nous retrouvions propulsés sans détour dans les rouages des exigences requises pour faire régner un respect général et rigoureux des codes sociaux helvétiques, source de nos valeurs. Toutefois, les horaires, les règles de vie et de cohabitation, l'hygiène et l'administration arriveront à me surprendre à maintes reprises. Nous reprenions place au cœur d'une Suisse à l'image de ce que s'imaginaient nos amis indiens : un pays «carte postale», structuré, sûr, propre et multiréglementé. Je devais alors réapprendre à l'aimer!

Je le ferai autrement, avec une autre sensibilité, constatant une fois encore à quel point l'être humain détient des capacités d'adaptation élevées. Celles-ci nous permettant heureusement de nous familiariser rapidement à un nouvel environnement malgré les divergences de fonctionnements sociétaires, aussi radicales et opposées puissent-elles être. Je comprenais toutefois que «s'adapter» n'implique pas nécessairement de partager les mêmes valeurs que ses concitoyens. Cela peut se limiter à respecter les mœurs et les exigences d'un pays en conservant son identité propre et l'authenticité de ses besoins personnels.

Je parviendrai gentiment à reformater mon cerveau concernant la ponctualité, les règles liées à la circulation routière et à la notion du recyclage, trois grandes valeurs qui incontestablement nous différencient des Indiens. Nous reprenions nos anciennes habitudes, naturellement, qu'elles soient liées à notre mode de vie, aux endroits que nous fréquentions ou encore à nos penchants gastronomiques qui, soit dit en passant, me coûteront en un temps record une majoration de plusieurs kilos sur ma balance. Mais il n'y a pas de miracle, imaginer remplacer incognito le chapati par de la viennoiserie était un moyen plutôt risqué d'espérer tromper l'ennemi.

Les premiers mois de réacclimatation physique et logistique m'ont plongée dans une déconnexion totale d'identité, je me sentais en mode *stan⸱-by.* Il m'était difficile de comprendre quelle était ma place, quelles étaient nos perspectives et quel serait mon nouveau carburant. Je semblais n'avoir assimilé que superficiellement ma délocalisation. Je ne savais pas non plus où diriger les émotions qui souvent m'envahissaient sans raison apparente. Je les laissais alors circuler librement, ayant parfois l'impression d'être spectatrice de ce qui se passait en moi, comme si je réussissais à prendre de la distance pour porter un regard extérieur sur ma vie.

Je me suis longtemps sentie tiraillée entre deux mondes, déracinée, comme en manque de repères. Déracinée… c'est le mot exact qui définissait mon état. Mais cela ne m'a pas alarmée. Je me suis toutefois souvent demandé si le fait de se sentir ancré quelque part était capital pour se sentir en équilibre ou si cela n'entravait pas plutôt notre liberté d'aller et venir. Ne serions-nous pas plus libres sans racine ?

Selon les convictions d'une kinésithérapeute avec laquelle j'ai fait un travail extraordinaire, quels que puissent être notre besoin de liberté et notre recherche d'indépendance, nos racines nous fortifient et offrent une stabilité. Elles n'empêchent en rien les évasions, les voyages, ni même les réorientations extrêmes. Quoi qu'il en soit, et malgré une forte nostalgie, je n'ai à aucun moment essayé de lutter contre cette totale perte de repères, même s'il était parfois inconfortable de sentir que je n'avais pas pied. Je me contentais d'avancer, différente et insouciante, accrochée à l'instant et curieuse de connaître la suite de notre histoire.

Parfois, confuse, je m'interrogeais : résilience ou résignation ? Qu'importe, à nouveau. Soit j'accueillais cette indésirable réalité avec de bonnes intentions afin de rendre cette nouvelle étape enrichissante, soit je sombrais dans une interminable mélancolie paralysante et destructrice. J'étais arrivée à un croisement crucial de mon existence, le chemin que j'emprunterais dès lors allait définir si j'avais été bonne élève ou non, et de cela allait dépendre la qualité de ma vie. À vrai dire, je ne me sentais pas avoir le choix. Je me devais, une fois encore, d'être un moteur pour les miens et émettre suffisamment d'ondes positives pour apporter le réconfort indispensable à mes enfants et à mon mari. Et je dois reconnaître que malgré une grande fatigue, j'ai fait face. Peut-être est-ce plus facile de se battre lorsque cela implique le bien-être de ceux que l'on aime plutôt que s'il s'agit de devoir sauver sa propre peau.

Nous nous sommes instantanément laissés absorber par une impitoyable et ininterrompue cadence. Pas de répit, pas de vacances et à nouveau, pas de temps à perdre. Nous avions regagné machinalement la place que chacun occupait avant de partir, à l'exception des enfants qui allaient mettre un pied dans le système éducatif suisse pour la première fois.

Réemménager signifiait redécouvrir les boîtes stockées durant notre longue absence. Nous en avions carrément oublié l'existence de leur contenu, devenu inutile. J'ai eu l'impression d'étouffer sous la charge de toutes ces affaires qui n'étaient autres que des vestiges du passé. J'avais appris à vivre sans et je ne voulais me charger de rien de superflu. Mais nous n'avions, dans un premier temps, rien d'autre sous la main pour donner vie à notre nouveau refuge. Je trouvais la situation grotesque, illogique et déstabilisante. Voilà que nous nous retrouvions encore à contre-courant, totalement décalés, comme faisant machine arrière alors qu'il était plutôt question de continuer à aller de l'avant. Il aurait été judicieux, pour faciliter notre réintégration - et plus particulièrement celle des enfants - de pouvoir directement nous offrir des repères et une forme de sécurité en agrémentant notre environnement de nos biens actuels et symboliques plutôt que de devoir s'encombrer de choses superflues devenues impersonnelles. Raisonner ainsi me fait penser à ce que l'on applique avec les animaux de compagnie au moment d'un changement de propriétaire ou d'espace de vie. Il est conseillé d'accompagner l'animal de sa couverture ou d'autres étoffes imprégnées d'odeurs qu'il connaît, afin de le rassurer et de l'aider à trouver ses marques rapidement. Il est vrai que, quel que soit l'endroit dans lequel nous pouvons nous retrouver, les murs importent peu. Tout ce qui compte réellement est l'atmosphère que l'on se crée, en nous entourant de ce qui fait appel à qui nous sommes. Je comprenais mieux que jamais l'importance et l'impact de notre environnement sur le plan émotionnel.

Nous nous sommes donc réhabitués à nos vieilles couvertures, dont l'odeur de renfermé et de produit anti-mythes n'avait rien de rassurant, mais elles étaient néanmoins bien utiles puisque nous venions de « perdre » vingt-cinq degrés d'un seul coup. Nous étions rentrés juste à temps pour les fêtes de Noël, mais nous n'y participerons pas. À peine arrivés au pays, nous tomberons tous malades. Grâce à la bonne volonté de notre nouveau propriétaire et aux initiatives de ma mère qui avaient fait le nécessaire pour que notre nouvel appartement soit accueillant et fonctionnel le soir de notre arrivée, nous avons eu la chance de pouvoir nous poser directement chez nous. Nous ignorions tout de l'environnement de ce lieu de vie que nous avions visité virtuellement lors d'une vidéoconférence depuis Mumbai. Tout, hormis sa situation géographique. Nous ne voulions plus perdre trop de temps sur la route.

Il faisait nuit au moment de notre arrivée sur place, une demi-heure après avoir quitté l'aéroport. Nous découvrions alors un minuscule village de moins de six-cents âmes, dominant à peine l'épais brouillard de la plaine. Les maisons avoisinantes étaient éclairées par des guirlandes lumineuses placées le long des toits. Cette première vision avait tout d'un décor de station de ski à la montagne, j'avais l'impression que nous débarquions pour un séjour de sports d'hiver. Et je n'aime ni l'hiver ni les sports d'hiver. J'avoue avoir serré les dents et m'être demandé comment nous avions pu nous convaincre de venir nous terrer dans un endroit comme celui-là. Je me vois encore dehors en train de décharger le véhicule que j'avais occupé lors du convoi mené depuis l'aéroport pour notre rapatriement. Fixée sur ma respiration, ou plus précisément sur l'air que j'inhalais puis expirais lentement jusqu'à bout de souffle, je constatais avec pleine conscience l'épais nuage d'air chaud qui prenait distinctement forme dans l'atmosphère glaciale et humide que nous retrouvions sans grande excitation. J'allais devoir m'y faire ! Le climat tropical ne serait désormais plus qu'un doux souvenir. Et la neige, ainsi que mes lèvres bientôt gercées par le froid, ou encore la déprimante vision d'un bonnet de laine écrasant ma coupe de cheveux - définitivement inadaptée aux saisons froides - étaient pour l'heure secondaires. Ma préoccupation principale demeurait la découverte de notre nouveau lieu de vie qui sera, quant à elle, agréable et soulageante.

Autant nous aimions faire partie de cette vie citadine à Mumbai, sujette à une effervescence permanente, autant il nous était difficilement imaginable de nous installer en pleine ville une fois de retour en Suisse. Nous tenions à retrouver les plaisirs de la campagne tout en gardant, certes, une certaine proximité avec les zones urbaines. Nous souhaitions également que nos enfants intègrent une petite école de village, que nous imaginions plus rassurante et plus accessible. Mais je suis à présent convaincue que la taille de l'infrastructure n'a rien à voir dans la rapidité de reconstruction d'un enfant qui doit brusquement trouver sa place dans un nouveau système social et scolaire. Par contre, rien ne peut se mesurer à l'impact que peuvent avoir la volonté, le soutien et plus particulièrement la bienveillance d'un professeur face à un nouvel élève triste et manquant de repères.

Les premières nuits seront très silencieuses. J'avais l'impression d'être à nouveau en quarantaine. Cela n'avait rien de désagréable, mais j'ai tout de suite compris qu'à long terme nous chercherions à nous rapprocher de la civilisation. Il arrivait même parfois que l'absence totale de bruit engendre un inconfort, un manque, une nouvelle forme de solitude que je n'étais pas réellement décidée à accueillir. J'avais appris, à Mumbai, à cohabiter avec l'écho du vacarme de rue qui traversait nos grandes baies vitrées. Je m'étais même surprise à les aimer. En journée, nous vivions avec le braillement des klaxons et des incessants coups de sifflet des gardiens postés tout autour de notre enceinte. Les cris des jeunes hommes qui jouaient au cricket dans le carrefour au bas de notre tour et les diverses résonances qui provenaient du chantier voisin envahissaient eux aussi quotidiennement tout l'espace sonore. Ces différents sons créaient une sorte de bourdonnement auquel notre ouïe s'était vite familiarisée. Pendant la nuit, les bruits persistaient mais étaient d'une tout autre nature. Les boîtiers d'air conditionné des chambres à coucher avaient leur propre musique, nous nous endormions ainsi bercés par le murmure étouffé du moteur qui était souvent la dernière mélodie à laquelle je prêtais attention avant de m'endormir. De violents affrontements de meutes de chiens faisaient également partie des nuisances nocturnes habituelles. Un homme finissait toujours par les faire taire en criant plus fort qu'eux. Nous nous réveillions parfois comme paralysés par les retentissements de pétards, de feux d'artifice ou d'altercations de rue. Il est même arrivé que nous ayons été extirpés d'un profond sommeil par ce que j'ai imaginé être un accouchement à ciel ouvert. Je me rappellerai toujours des cris et des gémissements de cette femme agonisante aux abords de notre résidence. Mon mari et moi nous regardions, silencieux et immobiles après avoir jeté un coup d'œil depuis le balcon de notre chambre à coucher, duquel nous n'avions rien constaté d'anormal. Sa souffrance avait duré plusieurs dizaines de minutes, ses cris étaient intenses, de plus en plus fréquents, ce qui m'incitait à penser qu'elle était en train de donner la vie, au risque d'y perdre la sienne, juste là, dehors, sans intimité, dans des conditions inimaginables.

J'ai eu honte de rester passive, tétanisée, cachée sous mon duvet comme recherchant un refuge pour que personne ne puisse voir que je me défilais. Mais de quel regard essayais-je de me cacher ? Qui pouvait bien relever le fait que, comme tous les autres résidents de notre tour, je n'étais pas intervenue pour essayer de la soulager de sa souffrance ? À part ma propre conscience, rien ni personne n'allait me blâmer pour non-assistance à personne en danger. Et puis, quelqu'un allait bien se manifester. Je me culpabilisais davantage en me répétant que si chacun d'entre nous, la « haute bourgeoisie » de la tour C, pensait ainsi, nous étions alors tous complices d'une lâcheté monstrueuse. Et puis, m'était venue d'ailleurs la réflexion que si personne ne semblait autrement réagir à cette troublante situation, peut-être était-ce que nous étions les seuls à interpréter ces cris comme quelque chose de profondément bouleversant. Peut-être, aussi, bénéficiait-elle des soins et du soutien dont elle avait besoin. Était-ce à nouveau notre singulière notion de « normalité » qui rendait cette nuit, à nos yeux, si marquante ? Les cris avaient cessé sans même que je m'en aperçoive et je me rendormais. À mon réveil, la vie avait repris son cours habituel.

Oui. Mumbai, c'était sentir quelque chose vibrer en soi à chaque instant, même pendant son sommeil. C'était se confronter à des questionnements puissants, profonds, parfois déstabilisants. C'était se mettre à nu, reconnaître sans tricher ses forces et ses faiblesses, son véritable Soi. Je me rendais compte que ces nombreuses réactions étaient toujours une réponse à quelque chose d'extérieur, à quelque chose que mon environnement déclenchait en moi, lié à l'un de mes cinq sens constamment sollicités. En Suisse, c'est l'inverse, c'est dans mon univers intérieur que mes vibrations prennent leur essor. Alors après avoir aimé et goûté à tellement de stimulations, je m'étonne encore de l'abondance et de la profonde résonance du silence.

Notre conscience s'éveille au gré de nos expériences. Elle est la seule richesse qui croît en permanence sans risque d'appauvrissement.

Parallèlement au tri de tout ce qui échappait à une épuration radicale des affaires que nous retrouvions, nous devions entreprendre toutes sortes de démarches administratives privées pour nous réinsérer dans le système suisse. La reprise de la gestion de notre établissement, l'accompagnement des enfants dans leur mission d'intégration ainsi que la recherche et la mise en place d'activités extrascolaires m'occupaient l'esprit en continu. J'essayais de ne pas perdre de temps afin de limiter les perturbations liées à cette nouvelle période transitoire.

Bien entendu, le luxe d'avoir une aide à la maison à plein temps était ici inconcevable. J'allais devoir me replonger sans rechigner dans les interminables et multiples tâches ménagères et reprendre un rôle bien trop important dans ma cuisine. Cette réadaptation-là me semblait régressive, mais ce mode de vie avait été implanté dans mon disque dur. J'allais bien trouver comment le réactiver momentanément… un peu comme s'il s'agissait de faire du vélo, l'amour, ou attacher ses souliers…

Tout ce qui touche à l'organisation extra-professionnelle a toujours été mon département. Je le gérerai à nouveau seule puisque Raphael réintégrait à plein temps son établissement qui deviendra provisoirement sa nouvelle maison. Une fois encore nous acceptions tacitement nos rôles, main dans la main.

En plus de ma présence quotidienne auprès de nos enfants en dehors des heures d'école, je m'étais engagée à assumer une parie des tâches liées à notre activité, afin de décharger le planning de mon mari. J'avais également la ferme intention de m'investir rapidement dans la commercialisation de mes magnifiques châles en cachemire. J'ai instantanément eu l'impression qu'il n'y avait pas assez d'heures durant les journées que nous enchaînions sans répit. J'allais devoir trouver un moyen pour me décharger, à mon tour, de quelques responsabilités si j'envisageais l'idée de pouvoir, à moyen terme et en dehors de mes heures de sommeil, m'accorder quelques instants pour souffler, écrire, faire du sport ou simplement vaquer à une quelconque activité qui me permette de me connecter à mes besoins personnels.

Quand j'éprouverai enfin la satisfaction d'être venue à bout de ces interminables cartons, voilà que nous parviendra notre univers indien réparti sur quatre énormes palettes. Plusieurs mois s'étaient alors écoulés depuis que nous nous étions séparés de toutes nos affaires indiennes qui me semblaient encore, peu de temps en arrière, si particulières et irremplaçables. Lorsqu'il faudra déballer ces dizaines de boîtes, je constaterai, impuissante et inconfortable, mon excitation se transformer en saturation. Qu'allais-je faire de tout cela ? À l'exception de quelques objets fort symboliques, cette deuxième vague matérielle me faisait à son tour suffoquer et ne suscitait étrangement que peu d'attrait. La magie qui autrefois rendait à mes yeux tous ces biens uniques s'était en partie envolée. Devenus de simples objets arrachés à leur contexte, ils allaient certes, de temps à autre, réanimer un souvenir, mais mon être tout entier n'avait pas attendu qu'ils cheminent jusqu'à moi pour me rappeler à l'Inde. Cette chute d'excitation était certainement aussi liée au fait que nous n'avions plus réellement besoin ni la place pour accueillir toutes ces choses. Et ce, malgré leur provenance qui avait à elle seule une valeur inestimable. Une grande partie de nos affaires allait être utile à d'autres et deviendrait ainsi un moyen supplémentaire de transmettre un peu de notre histoire. Transmettre, partager, inspirer. De nouveaux désirs s'intensifient. J'avais trouvé ce qui allait alimenter mon réservoir. Gentiment, les nœuds se défont, j'identifie de surprenantes aspirations sans toutefois perdre ni rompre le fil.

Ne coupe pas la ficelle quand tu pourrais défaire les nœuds.

– Proverbe indien

Notre emménagement nécessitera un certain temps pour que nous nous sentions enfin bien installés. Au fur et à mesure des premiers mois, je reconstruisais un environnement général qui nous correspondait davantage qu'à Mumbai, où notre budget « décoration d'intérieur » n'avait pas été une priorité. Effectivement, le décor de notre appartement avait été assez impersonnel, peu de choses autour de nous avait un lien avec notre passé, hormis quelques photos de nos enfants. Nous ne pouvions y voir aucune empreinte d'une quelconque vie en amont et cela créait une espèce de froideur, telle une mise en scène stérile et éphémère. Ce nouveau chez-moi prenait l'apparence d'un patchwork reliant les trois périodes de ma vie. Disproportionnées certes, mais parfaitement complémentaires : l'avant, le pendant et l'après Mumbai. En rebâtissant, j'assemblais les pièces d'un puzzle géant. L'image se révélera plus que satisfaisante.

Notre rythme de « croisière » s'intensifiait de jour en jour. La fatigue ne cessera de s'accumuler sans que j'y prenne garde. J'avais pourtant conscience que si je souhaitais prendre soin des autres, je devais commencer par écouter mes propres besoins. Mais un déséquilibre entre ma résistance et mes ressources n'avait cessé de croître. La vie devait se charger de mettre un frein drastique à mon fonctionnement. Hospitalisée d'urgence pour une appendicite perforée accompagnée d'une péritonite, j'ai passé une semaine à l'hôpital, une occasion de dernier recours pour m'immobiliser et m'obliger à revoir mes priorités. Il fallait que quelque chose change, déjà. La sonnette d'alarme s'est fait entendre. Vite remise sur pied, je reprenais le cours de ma vie avec une autre implication. J'ai identifié quelques fausses croyances qui interféraient dans mes décisions et empêchaient une harmonie entre mes valeurs et ma manière de répondre aux sollicitations extérieures. Cet alignement est une mission individuelle qui ne peut s'allier à un esprit de sacrifice.

En parallèle de cette distance qui se crée avec nos années indiennes, chaque apparition en dehors de mon domicile me rappelle que cette incroyable aventure n'est pas le simple fruit de mon imagination. Je suis abordée presque quotidiennement par des personnes qui ont eu un aperçu de notre périple sur leur petit écran. Hommes et femmes, de tout âge, sédentaires ou amoureux du voyage, ils sont nombreux à avoir suivi notre histoire et à oser nous témoigner leurs sympathiques appréciations. Je me retrouve à tout moment embusquée dans des interrogatoires qui éveillent des souvenirs très hétéroclites. Durant plusieurs années, j'ai eu de la peine à me soustraire aux questionnements que notre présence en Suisse suscitait chez quiconque avait visionné l'une ou l'autre des deux saisons du « Doc de l'été » en Suisse-Romande - diffusées ensuite sur la plus grande chaîne francophone internationale. Souvent, face à toute cette curiosité, les mots me viennent avec une facilité déroutante, comme si je répète un vieux refrain impossible à oublier qui souvent suffit à apaiser l'appétence de mon interlocuteur concernant l'aboutissement de notre aventure. Mais d'autres fois, je me retrouve prise d'une confusion générale et je ne sais même pas par quoi commencer.

En guise d'entrée en matière nombreux sont ceux qui commencent leur phrase par « Ça n'a pas.... » et qui ne savent jamais comment la terminer. Je fais souvent poliment mine de comprendre, et explique que « Oui, ça a... ». Différemment et tout à côté de ce que nous imaginions à l'époque que « cela puisse... » mais « Oui, ça a ! » puisque nous avons été jusqu'au bout de notre mission, y avons survécu et en sommes fiers. Mais effectivement, les bienfaits récoltés sont autres que ceux que nous étions partis chercher. J'explique aussi volontiers que notre retour est le résultat d'un choix qu'il a fallu faire à un moment donné par rapport à des acquis que nous voulions préserver ici en Suisse, et non une réelle volonté de quitter l'Inde. Cela surprend toujours.

Nous nous étions effectivement offert un ultime joker lorsque nous sous sommes engagés dans la mise en place de la commercialisation de purificateurs d'air de grande qualité d'une société suisse. Cela nous paraissait être un concept cohérent et prometteur à introduire dans un pays comme l'Inde. Plus particulièrement encore dans des métropoles comme Mumbai et Delhi où la qualité de l'air est une réelle préoccupation. Cette dernière opportunité représentait pour nous une chance d'enfin accéder à une stabilité en nous offrant de belles perspectives. Mais à nouveau, après plusieurs mois de démarches importantes, un événement viendra balayer cette ultime tentative, nous laissant un goût amer et nous obligeant à nous résigner, définitivement. Nous n'avions plus d'autres ressources dans l'immédiat et risquions sérieusement de perdre notre établissement en Suisse. Il fallait rentrer.

Alors, quand on me pose la question, maladroitement ou pleine d'aplomb, j'essaie généralement de ne pas me justifier, mais plutôt de transmettre le plus succinctement possible combien je suis reconnaissante d'avoir vécu cette aventure. Et surtout à quel point j'aime ce pays. Je leur offre ensuite toujours un généreux sourire en guise de bouclier contre toute forme de compassion dont je ne saurais que faire. Car nous ne cherchons aujourd'hui ni excuses ni miséricorde.

Nous avions survécu à trois années de vie « à l'indienne », notre retour en terre connue ne semblait donc pas représenter de grandes difficultés. Nous savions avec précision ce qui nous attendait et quel était le fonctionnement du système que nous allions retrouver. La seule part d'incertitude qui m'interpellait était la manière avec laquelle nous allions gérer émotionnellement le fait de refaire partie de ce système que nous connaissions justement si bien, ainsi que la place que nous retrouverions dans l'emploi du temps de nos proches.

Le temps avait passé et des étapes majeures de nos vies avaient eu lieu. Certaines expériences ont été bouleversantes, d'autres insignifiantes. Nous nous étions tous chargés de nouvelles histoires, belles et moins belles, alors il était évident qu'une telle absence allait avoir des conséquences. Et j'allais devoir les accepter. Peut-être allions-nous nous retrouver autrement, mais cela n'impliquerait pas que nos relations deviennent meilleures ou pires, elles seraient simplement différentes, par la force des choses. La nature de l'être humain étant de chercher à combler les vides qui l'entourent, il était de ce fait fort probable que j'occupe de nouveaux espaces.

Moi seule avais décidé de quitter mon environnement, je serai seule à devoir me reconstruire une structure sociale et me réinventer une vie. J'avais pleinement conscience que mon entourage avait poursuivi sa route chaussé des mêmes souliers. La rupture de liens était un risque que j'avais pris le jour de mon envol. Mais à nouveau, il s'agissait d'accueillir un éventuel vide comme une chance d'ouverture et de nouveauté.

Ce n'est pas la distance qui sépare les gens, c'est le silence.

Notre départ pour Mumbai avait été animé, ébruité, célébré. Ses préparatifs s'étaient déroulés dans une ambiance festive et sa médiatisation avait officiellement marqué le début de notre histoire. Notre retour, lui, s'effectuera en toute discrétion. Je n'avais pas eu le cœur à en propager la nouvelle. J'ai tourné le dos aux réseaux sociaux. Je me suis mise en retrait. J'étais en deuil. Et je n'avais surtout aucune envie de devoir justifier les raisons de notre capitulation ni me confronter à cette notion d'échec que j'avais encore l'impression de renvoyer. Dès le moment où j'avais compris qu'un retour imminent se dessinait, j'avais ressenti une angoisse profonde à l'idée de revenir et de devoir probablement gérer une sollicitation excessive et étouffante de part et d'autre. Perdre cette précieuse liberté ainsi que ma nouvelle indépendance m'était inimaginable et me faisait souffrir d'avance. J'avais peur d'être envahie, peur d'être à nouveau « à disposition ».

Récolterait-on toujours ce que l'on sème ?

Les premiers mois qui suivront mon retour seront bien à la hauteur de ce que j'avais projeté comme besoin de tranquillité. À force d'avoir conditionné mon esprit à un refus strict de réappartenance à notre ancien système, je me suis isolée dans une bulle d'énergie répulsive, au dosage excessif. Pas de roulement de tambour, pas de feu d'artifice ni de célébration. Juste nous. Juste moi, face à mes réflexions intérieures, le regard braqué sur l'instant.

J'avais la preuve évidente que ce que tu crées ardemment dans ton esprit se manifeste dans ta vie. Cette extraordinaire loi de l'attraction. Certains de mes proches avaient jugé important de nous laisser le temps d'arriver et de retrouver nos marques. Ils ne voulaient pas s'imposer et attendaient que j'exprime l'envie de les voir. Avec un peu de recul, je crois que j'aurais aimé des visites improvisées… un peu de compagnie pour me changer les idées et interrompre ce persistant silence parfois trop envahissant. Le cocktail « petit hameau tranquille et retrait social » était certainement excessif à la suite de l'effervescence indienne.

J'allais finalement m'extirper de ma période d'hibernation au printemps, surprise d'en constater les bienfaits et les retombées. Cette phase aura été une importante source d'inspiration et l'élément déclencheur de ce récit. Une longue méditation. Je déverrouillerai enfin la porte de ma bulle protectrice et reprendrai naturellement ma place auprès de celles et ceux qui étaient là, depuis toujours, disponibles et disposés à m'offrir cette même amitié inconditionnelle. Il était bon de se retrouver, se mélanger, cohabiter de manière spontanée sans que personne ne se soucie vraiment du statut et de la place que l'autre occupe au sein de la société. Cette mixité est une qualité inestimable que détient le peuple helvétique.

Cette dernière transition de pays, de culture, de cercle social et de structure familiale sera toutefois une période bouleversante et complexe. Mon mari et ma fille la traverseront sans éclat, plutôt introvertis et discrets. En revanche, elle sera compliquée à gérer pour mon fils qui était profondément attaché à l'ensemble de son environnement indien.

D'une certaine manière, vivre une telle aventure en famille a l'avantage de nous maintenir en action et de nous obliger à garder une stabilité émotionnelle. La manière et la rapidité avec lesquelles nos petits allaient s'adapter et s'épanouir ici dépendraient aussi de mon attitude et de mon niveau de rayonnement. Il était impératif que je garde à l'esprit qu'il m'appartenait de les guider dans la joie et la confiance durant ce nouveau voyage. Je pense que les jeunes trouvent plus facilement leur équilibre lors de changements, quels qu'ils soient, s'ils sentent leurs parents alignés avec ce qu'ils entreprennent. Cela les rassure c'est évident. Nous avons un rôle de moteur, qu'importe si nous connaissons ou non notre prochaine destination ; ils aiment nous voir aller de l'avant.

Nous allions dorénavant devoir prendre en compte les nombreux chamboulements intérieurs qu'ils devaient, impuissants, accueillir et apprivoiser avec leur cœur d'enfant. Ils venaient de perdre tout ce qui constituait leur univers. À cela s'ajoutait une rupture brutale avec la présence physique de leur père qui avait été, durant les trois dernières années, présent en permanence sur notre lieu de vie (qui faisait alors office de bureau, d'atelier, de local de stockage, de lieu de réunion et autres fonctions nécessaires au développement de nos nombreux projets).

Notre fille se familiarisera très vite avec l'ensemble des nouvelles structures qu'elle intégrera. Sa douceur et sa maturité facilitent grandement ses rapports aux autres, et le plaisir qu'elle éprouve face aux changements favorise son adaptation. Peu lui importe le lieu et la culture qui l'entourent, son équilibre semble être principalement lié à la sécurité affective que lui procure notre présence parentale.

Notre fils est un explorateur. Il s'attache vite et ardemment aux gens ainsi qu'à son environnement et vit chacune de ses aventures quotidiennes avec grande intensité. Son intégration sera bien plus complexe. Il mettra du temps à accepter l'idée de notre retour et semblait éprouver, à son tour, un inconfortable sentiment d'impuissance. Nous comptions sur une ouverture de cœur de la part de ses camarades et sur de la bienveillance au sein de son nouvel entourage pour le rassurer et raviver son habituel enthousiasme. Mais les mômes ne se font pas de cadeau, quant aux adultes impliqués dans la vie émotionnelle des enfants hypersensibles, ils ne détiennent pas toujours les ressources pour les aider, ni même l'envie de les comprendre.

Je serai navrée de constater que mon fils allait devoir s'acquitter d'une lourde mission d'adaptation. La complexité de la situation dans laquelle il se retrouvera au moment de notre retour perturbera grandement notre atterrissage. En plus de sa grande sensibilité et du déracinement qu'il vivait avec fragilité, il entrait dans l'âge de la raison, une période cruciale concernant le développement affectif et l'estime de soi. Sa double imprégnation de culture interférait sur ses relations sociales, et cela se répercutait sur différents aspects liés à sa scolarité.

Écouter un enfant ne suffit pas toujours pour entendre ce qu'il essaie d'exprimer, d'autant plus lorsque chacun est ébloui par ce qu'il croit comprendre et limité par ce qu'il pense savoir. Je regrette le temps perdu avant d'avoir pu lui offrir un environnement dans lequel il peut enfin s'épanouir et être accompagné avec bienveillance dans l'exploration de son plein potentiel.

Nous n'avions à aucun moment imaginé à quel point notre retour pourrait s'avérer bouleversant pour l'un de nos petits, ni que nous devrions nous confronter aux difficultés que rencontrent les familles qui ont un enfant qui peine à entrer dans la minuscule boîte qui lui est attribuée dans le système public. Un individu «hors norme» nous répétait-on. Comme s'il s'agissait d'un problème à régler. Mais n'est-ce pas une qualité, une chance d'oser être soi-même? Manifestement, il est plus profitable et conventionnel d'apprendre à nos enfants comment façonner leurs masques avec soin plutôt que de les encourager à exprimer leurs besoins.

Nous savions en revanche à quel point cette période d'intégration influencerait la suite de son parcours, à tous niveaux. J'avais également conscience qu'il suffit d'un instant pour briser un enfant, alors que le reste de sa vie peut ne même pas suffire pour qu'il parvienne à se reconstruire. Alors, seule aux commandes pour effectuer cette nouvelle traversée, je m'investirai de toutes mes forces à ses côtés, enfilant à tour de rôle mon costume de confidente, d'alliée, de moralisatrice, de police, de guide, de psychologue, d'amie et de protecteur. Je n'ai malheureusement pas pu empêcher que s'installe un inévitable engrenage qui le placera hors jeu. Le courant était à nouveau plus fort que notre fragile embarcation.

« Laissons dire, et faisons bien… »

J'ai très vite décidé de me munir de cette maxime comme bouclier. Non pas par faiblesse, mais au nom de mes valeurs. Nullement habituée à battre en retraite, j'ai choisi la distance et le silence comme réponse à l'animosité et aux jugements que mon fils suscitait à répétition. Le protéger d'une escalade d'hostilités deviendra ma priorité. Je savais que si je m'alignais, j'entrerais en guerre. J'espérais plutôt servir d'exemple.

Trois ans constituent une période d'évolution considérable chez des enfants en bas âge, ils sont inévitablement revenus changés et empreints d'un mélange culturel. Ces années indiennes ont été très importantes dans la formation de leur identité. Là-bas, petits et grands de même sexe se tiennent par la main et marchent «bras dessus, bras dessous» sans aucune ambiguïté et ont, par ailleurs, une tout autre notion de ce que nous qualifions de «sphère privée». La population indienne en métropole est si dense que les uns empiètent inévitablement sur la microsphère des autres. Et cela ne semble déranger personne. De nature très tactile et affectueux, notre fils aimait entretenir cette proximité avec ses amis indiens et semblait vivre en parfaite harmonie avec le fonctionnement socioculturel du pays. À notre retour, nous devrons régulièrement le rappeler aux codes helvétiques et lui apprendre à garder une certaine distance avec ses nouveaux amis. Lui demander de refouler cette spontanéité affective me déchirait le cœur, c'était à mes yeux un immense sabotage. Mais pire encore, j'avais le sentiment que cela faisait de lui un petit être déchiré entre deux mondes, deux cultures, que seul le temps pourrait réunifier.

Avec du recul, j'ai pu constater que le travail d'acclimatation pour un enfant est beaucoup plus facile et divertissant de la Suisse vers l'Inde qu'inversement. D'un côté, nous nous servons de couverts pour manger, de l'autre ce sont nos doigts qui nous rendent ce service. D'un côté, les enfants dérangent en milieu public, de l'autre, leurs bruits symbolisent la vie et sont accueillis comme une musique. D'un côté, notre travail dicte nos besoins, de l'autre, ce sont nos besoins qui rythment notre travail. Autant de contrastes peuvent bien chahuter les repères d'un enfant qui, du jour au lendemain, se fait taper sur les doigts s'il mange avec les mains, alors que cela était, hier, des us quotidiens.

Chaque enfant donne naissance à une mère. Si elle prend le temps de l'écouter, elle s'élève à ses côtés. Si elle prend le temps de le regarder, elle découvre une manifestation extérieure de son monde intérieur.

Je finirai par comprendre que mon fils joue un rôle essentiel dans l'étape actuelle de mon développement personnel. Nous qui laissions derrière nous une vie indienne exaltante et pétillante, qui aimons les défis et qui sympathisons difficilement avec l'ennui, je remarquais que notre petit était capable d'apporter à lui tout seul le relief et le piquant qui auraient probablement manqué à notre nouvelle aventure. Les conflits liés aux difficultés qu'il peut éprouver à se «soumettre» aux dictats socio-éducatifs deviendront, un temps, un centre de gravité important dans notre quotidien. Ses constantes remises en question ne cessent de me bousculer et fragilisent des principes qui, jusqu'alors, n'avaient interpellé ni ma conscience ni mon libre arbitre. Les radiations qui émanent de ses réflexions me portent parfois très loin du cœur de mes certitudes. C'est un sentiment aussi déconcertant que libérateur. Je ne cherche plus à résister lorsque je perçois les premiers craquements d'une croyance qui s'effondre. J'accepte pleinement l'idée que mes enfants puissent m'ouvrir à de nouvelles évidences et être porteurs de belles leçons. Pour accéder à une version plus juste et plus authentique de soi, la démolition de certaines fondations est parfois inéluctable.

Les nouvelles épreuves que nous traversions en famille ainsi que le manque de réponses et de solutions auquel je me suis longtemps confrontée m'ont menée à de profonds questionnements. Ceux-ci, accompagnés de lectures enrichissantes et des rencontres extraordinaires, m'ont aidée à déterminer, sans trembler, comment mieux répondre à nos besoins sans craindre les jugements et appels à la conformité.

Aujourd'hui, changée intérieurement et imprégnée d'un ailleurs, je peine à m'intégrer pleinement dans mon pays. Je me sens être une autochtone quelque peu marginale. Ce diagnostic ne me déplaît pas en soi, je n'éprouve plus le besoin d'appartenir à un quelconque système ni ne cherche une communauté dans de laquelle imposer mes idées. J'apprécie plutôt ma liberté et le temps que j'ai à disposition pour trouver des réponses à mes questions et apporter des changements positifs dans ma vie et dans celle de ma famille.

Je pense avoir compris l'essentiel au sujet de notre passage en terre indienne. J'ai également fait la paix avec tout ce qui a alimenté mon ressentiment. J'ignore à quel moment cela s'est produit mais j'ai rapidement pu constater les bienfaits de cette trêve. J'ai été portée par une règle d'or, enseignée dès mon plus jeune âge, qui me permet d'avancer sereinement :

« Faire d'un devoir un vouloir… »

Ce précepte a grandement influencé la suite de mon voyage. Je n'avais pas eu le choix sur la question de notre retour en Suisse, il m'appartenait néanmoins de choisir la manière avec laquelle j'allais y faire face. Accepter, adapter, explorer. Je prenais place au volant de ma voiture et y découvrais une multitude d'options. C'est une métaphore simple, mais essentielle. Il est important de se rendre compte de la place que nous occupons dans le véhicule qui nous sert à traverser notre existence. Certaines personnes passent de nombreuses années installées dans le coffre, le regard braqué sur le passé, comme si elles s'étaient oubliées. D'autres sont placées à l'arrière, elles ont des projets mais ne voient défiler que des regrets, alors que le siège passager offre une place de copilote. Ce dernier connaît le chemin, mais son sort dépendra toujours de quelqu'un. Le conducteur, lui, est libre. Il porte de grandes responsabilités mais il est le seul à pouvoir décider de l'itinéraire, de la vitesse du voyage et de l'horaire.

J'ai découvert en moi et autour de moi, la présence d'une force, d'une énergie. Quelque chose de si grand, de si rassurant. Quelque chose de… divin. J'ai cherché, un court instant, un synonyme pour illustrer autrement ce dernier «quelque chose». Par pudeur, certainement, et aussi pour ne pas faire peur, ne pas éloigner celui ou celle qui ne cherche pas à se confronter à un jargon spirituel. Mais je n'ai pas trouvé de définition plus sincère, ni plus belle.

Je commençais à goûter aux fruits récoltés en chemin, depuis mon rendez-vous indien. Mon précieux butin clandestin…

Pourtant, à l'heure de notre retour, j'avais accepté l'idée, ou plutôt conditionné mon esprit à la suggestion d'une inévitable période de mélancolie. C'était la seule issue que j'imaginais possible en réponse à ma frustrante capitulation. Oui, j'avais prévu de souffrir, mais je n'en ai eu ni le temps ni le besoin. J'ai même très vite retrouvé ces sensations de bien-être que je n'osais bousculer ni révéler, de peur de les faire disparaître. J'ignorais si cela résultait d'une nouvelle manière de ressentir la vie, d'un état normal auquel je n'avais pas été habituée jusqu'ici ou encore, si cela signifiait simplement que je m'étais embarquée dans un profond déni de tristesse. Peu importe. Tout ce dont j'étais convaincue concernait l'influence des pensées positives. Elles ont un pouvoir immense sur notre vie, je prends alors la peine d'entretenir cette gymnastique mentale.

Je n'avais jamais imaginé que les répercussions liées à nos divers investissements à Mumbai puissent s'étendre dans le temps et l'espace. Il me paraît aujourd'hui évident que toutes ces épreuves allaient nous rendre plus forts, nous propulser au-delà de nos limites et nous servir à valoriser notre potentiel et nos acquis, en Inde comme ailleurs, à titre privé comme professionnel. Pourtant, à aucun moment de notre aventure je n'avais atteint cette capacité de raisonnement ou été capable de prendre de la distance. J'étais, là-bas, obnubilée par l'urgence de trouver une source de revenus et ardemment appelée à vivre l'instant présent.

Cette quête indienne m'a offert de gravir les différents niveaux de conscience, de joie et d'inspiration qui ont échelonné mon parcours. Je ne pense pas qu'il soit nécessaire à chacun de souffrir pour évoluer ou apprendre à se connaître. Ni de partir si loin, d'ailleurs. Mais cela demande de rester en mouvement, d'élargir son champ de réflexion et d'étendre sa zone de confort. Et surtout, de lâcher-prise là où l'effort est vain. Ou plutôt (comme me l'a enseigné une personne qui m'est chère) apprendre à tenir autrement, ce qui est plus confortable pour qui aurait peur du vide…

Aujourd'hui, j'apprécie la beauté de tout ce qui m'entoure et demeure émerveillée devant la diversité de ce qui nous est offert. Néanmoins, je repartirais demain s'il le fallait. Plus honnêtement, si je le pouvais. Serais-je prête à revivre la même aventure ? Certainement. Je n'enlèverais rien, je revivrais nos joies comme nos malheurs, notre histoire dans son entier ne me fait plus peur. Les bénéfices et les moments de bonheur qui en découlent me sont si précieux. Je ne regrette rien. Je m'envolerais à l'instant sans hésitation, mais je n'emporterais avec moi, cette fois-ci, que l'essentiel : nous voyagerions léger. Et puisque toute épreuve nous enseigne quelque chose, il y a bien des maladresses que nous ne reproduirions pas et certains choix que nous orienterions autrement.

Tout d'abord, j'attribuerais une priorité dès mon arrivée à l'apprentissage de l'hindi. L'anglais étant utilisé presque partout pour communiquer dans le pays, apprendre l'hindi n'était pas une nécessité, quel dommage ! J'aurais été fière d'entretenir cette singularité verbale avec mes enfants et le personnel de notre restaurant.

Nous choisirions peut-être aussi une infrastructure plus intimiste de manière à privilégier des rapports sociaux dont les valeurs seraient probablement mieux accordées aux nôtres. Cependant, je ne renoncerais pas pour autant à un certain confort, ni à la jouissance d'un espace extérieur sécurisé ainsi qu'à certaines commodités qui rendent la vie nettement plus agréable à certains moments de l'année. Je serais également plus prudente et opterais pour une couverture en assurance maladie, pour ne pas courir le risque de devoir assumer de lourds frais médicaux en cas de problème de santé majeur. Quant à d'éventuelles collaborations, nous serions aujourd'hui sans aucun doute plus prévoyants et bien plus virulents face aux engagements de nos interlocuteurs.

Je m'approcherais aussi plus rapidement des communautés d'expatriés, laissant de côté mes aprioris mais saisissant la chance d'y faire quelques rencontres qui peuvent faciliter une part d'intégration. Et en priorité, je garderais une certaine distance avec mon personnel de maison. Je ne chercherais plus à révolutionner les codes de cohabitation avec quiconque pourrait intégrer notre cellule familiale. Cet exercice me demanderait un travail considérable mais serait indispensable pour instaurer un équilibre au sein de notre foyer. Et pour terminer, je n'emporterais pas avec moi ce qui m'est de plus cher. En plus d'être une source d'ennui et de tentation pour qui ne possède même pas le strict minimum, exposer ses valeurs à l'humidité et à la saleté serait les sacrifier.

Mais pour l'instant, je poursuis ce voyage au calme : peu de turbulences, pas de changement de décor majeur ni de décalage horaire. Les évasions font toutefois partie de mon quotidien, mais sont d'une autre nature. J'apprécie ce temps de stabilité en terrain neutre et fertile sur lequel il fait bon assister à la germination de nouvelles graines que nous avons plantées.

Je m'abandonne à mon inconscient et reste connectée à cette petite voix qui me murmure sans cesse que les possibilités demeurent infinies, que nos limites sont le reflet de nos peurs, que la liberté est un état d'esprit et que notre mérite découle aussi de nos erreurs.

Lorsque le changement nous appelle, la peur est un obstacle rebelle.
Il suffit alors de décider d'agir et le plus dur est fait.

Lettre à Mumbai

24 septembre

Namaskar Mumbai.

Aujourd'hui, c'est mon anniversaire. C'est un jour important puisque j'arrive au bout de mon récit. Notre histoire est un présent merveilleux, à la fois fruit du passé et germe du futur.
J'ai souvent entendu dire que le temps guérit les maux et atténue les souffrances. C'est vrai, mais il est avant tout source d'enseignement.

Je ne t'ai jamais oubliée, j'ai simplement accepté l'idée d'avancer loin de toi en prenant soin d'honorer tes empreintes qui ont indéniablement marqué ma personnalité.

Te rappelles-tu de notre dernier entretien? L'aboutissement de cette odyssée me paraissait alors irréel et insurmontable. Et plus que tout, incompréhensible. J'avais l'impression de m'être emprisonnée dans cette profonde tristesse pour l'éternité, mon désarroi semblait n'avoir d'échappatoire, l'échec s'imposait comme la pierre tombale de notre histoire.

Mais heureusement, il y a une justice. Nous qui ne te prendrions rien, toi qui ne céderais pas et demeurerais fermement indisposée à nous tendre la main, tu as même décidé qu'une part de moi t'appartenait.

Ultime acharnement ! Tu t'es accaparé une partie de mon être, celle qui détenait toute cette douleur dont tu étais source nourricière. Non, elle n'a pas quitté ton territoire, étrange revers. Culpabilité ou possessivité ? Encore l'un de tes mystères. Je suis repartie libre et légère, presque soulagée, de je ne sais quoi. Peut-être avais-tu jugé à cet instant précis que j'étais prête ?

J'ai très vite compris l'importance de t'avoir quittée dans l'amour plutôt que dans la haine, avant qu'il en ait été une nécessité, avant que je ne craque et que je ne puisse plus apprécier tout ce que mes yeux et mon cœur trouvaient constamment à revaloriser. Nous pouvons ainsi continuer à nous nourrir du meilleur de notre expérience, continuer à te porter en nous avec ce tendre attachement.

Être ton hôte doit venir d'un désir profond, alors ton enseignement sera d'une richesse inouïe. Mais malheur à celui qui arrive sur tes terres sans chercher à te comprendre et à accueillir ta dualité. J'ai fait de notre histoire mon plus précieux souvenir, et je sais, au plus profond de moi, qu'un jour prochain tu m'inviteras à revenir. J'aurai quelque chose de si beau à t'offrir en retour de ton initiation que tu solliciteras ma présence, que j'honorerai alors avec une intense réjouissance. Nous ne nous ferons plus de résistance, cet instant symbolisera un accomplissement de grande importance.

Il ne subsiste aujourd'hui aucun doute sur les fondements de notre démarche, aussi controversée aura-t-elle été. Les répercussions s'élèvent finalement au-delà de nos attentes. Notre aventure sera pour toujours un outil efficace pour nous développer et avancer sur des chemins que nous n'aurions certainement pas empruntés si nous n'avions pas entrepris de telles ruptures. Cela me conforte dans l'idée que tout ce que l'on vit nous construit. Chacune de nos décisions, même les plus irrationnelles, est reliée à une force intérieure inconsciente qui détient notre plan de route. Notre intuition nous guide et nous maintient dans le juste, même lorsque nous n'y croyons plus, surtout lorsque toute logique a disparu.

Après trois années d'expérimentation (s) et d'innombrables temps de réflexion, me voilà fortifiée et légère. Je me découvre héritière d'un cadeau extraordinaire : des racines et des ailes.
Ce voyage intérieur m'a offert une interprétation plus spirituelle de l'essentiel. Il a fait émerger de profondes valeurs ressources qui ont changé ma façon de penser, redéfini mes inspirations et apporté plus de sens à mon existence.

Un chapitre important de ma vie prend fin. La conclusion est belle, mais l'histoire n'est de loin pas terminée. Quelque part, sans le savoir, quelque chose se prépare. Demain pourrait être un nouveau départ. C'est un sentiment tellement agréable.

Je t'adresse ma plus profonde gratitude et te prie de pardonner mes instants de rébellion.

J.

Voyager c'est partir à la découverte de l'autre. Et le premier inconnu à découvrir, c'est vous.

– Olivier Föllmi

Espaces de rencontre et plateformes sociales

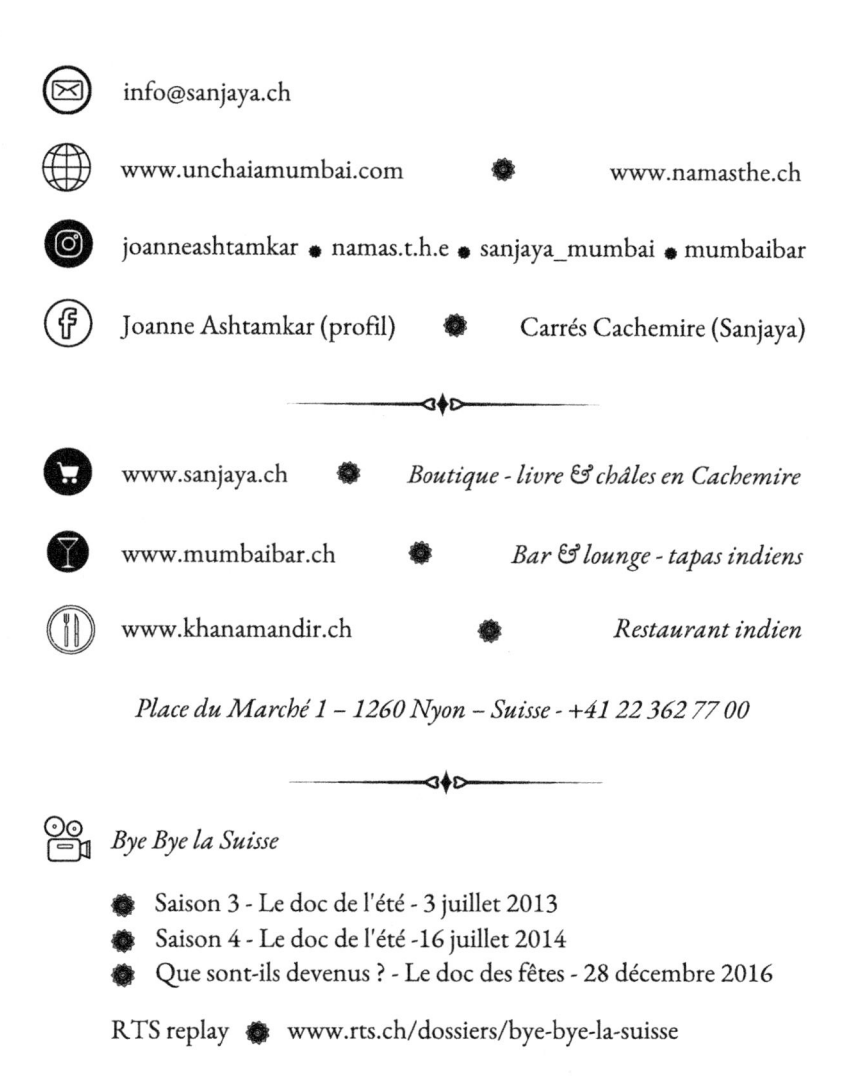

✉ info@sanjaya.ch

🌐 www.unchaiamumbai.com ❀ www.namasthe.ch

📷 joanneashtamkar ● namas.t.h.e ● sanjaya_mumbai ● mumbaibar

ⓕ Joanne Ashtamkar (profil) ❀ Carrés Cachemire (Sanjaya)

🛒 www.sanjaya.ch ❀ *Boutique - livre & châles en Cachemire*

🍸 www.mumbaibar.ch ❀ *Bar & lounge - tapas indiens*

🍴 www.khanamandir.ch ❀ *Restaurant indien*

Place du Marché 1 – 1260 Nyon – Suisse - +41 22 362 77 00

🎥 *Bye Bye la Suisse*

- Saison 3 - Le doc de l'été - 3 juillet 2013
- Saison 4 - Le doc de l'été -16 juillet 2014
- Que sont-ils devenus ? - Le doc des fêtes - 28 décembre 2016

RTS replay ❀ www.rts.ch/dossiers/bye-bye-la-suisse

Printed in Great Britain
by Amazon